体育运动

# 柔道 ROUDAO
# 空手道 KONGSHOUDAO

主编 张少伟 赵利明 亓永顺

走进**大自然**
**走到**阳光下
养成**体育锻炼**好习惯

吉林出版集团股份有限公司 全国百佳图书出版单位

图书在版编目 (CIP) 数据

柔道 空手道 / 张少伟, 赵利明等主编. — 长春：吉林出版集团股份有限公司, 2011.5（2024.1 重印）
ISBN 978-7-5463-5257-2

Ⅰ.①柔… Ⅱ.①张… ②赵… Ⅲ.①柔道—青年读物②柔道—少年读物③空手道—青年读物④空手道—少年读物 Ⅳ.①G886-49

中国版本图书馆 CIP 数据核字（2011）第 081737 号

## 柔道 空手道

主编　张少伟　赵利明　亓永顺
责任编辑　息望　沈航
出版发行　吉林出版集团股份有限公司
印刷　三河市同力彩印有限公司
版次　2011 年 7 月第 1 版　2024 年 1 月第 8 次印刷
开本　787mm×1092mm　1/16　印张 10　字数 100 千
地址　吉林省长春市福祉大路 5788 号　邮编 130000
电话　0431-81629968
电子邮箱　11915286@qq.com
书号　ISBN 978-7-5463-5257-2
定价　45.80 元
版权所有　翻印必究
如有印装质量问题，请寄本社退换

## 《体育运动》编委会

主　　任　宛祝平
编　　委　支二林　方志军　王宇峰　王晓磊　冯晓杰
　　　　　田云平　兴树森　刘云发　刘延军　孙建华
　　　　　曲跃年　吴海宽　张　强　张少伟　张铁民
　　　　　李　刚　李伟亮　李志坚　杨雨龙　杨柏林
　　　　　苏晓明　邹　宁　陈　刚　岳　言　郑凤家
　　　　　宫本庄　赵权忠　赵利明　赵锦锦　潘永兴

# 目录

## 柔道

### 第一章 运动保护
第一节 生理卫生……………………2
第二节 运动前准备………………3
第三节 运动后放松………………8
第四节 恢复养护……………………10

### 第二章 柔道概述
第一节 起源与发展………………12
第二节 特点与价值………………13

### 第三章 柔道场地和装备
第一节 场地………………………18
第二节 装备………………………20

### 第四章 柔道基本技术
第一节 基本站立姿势……………24
第二节 基本步法…………………32
第三节 手摔法……………………36
第四节 腰摔法……………………44
第五节 足摔法……………………56

### 第五章 柔道基础战术
第一节 场地运用…………………72

# 目录 CONTENTS

  第二节　取得裁判员认同..................74
  第三节　降体重参赛....................75
**第六章　柔道比赛规则**
  第一节　程序........................78
  第二节　裁判........................81

## 空手道

**第七章　空手道概述**
  第一节　起源与发展....................86
  第二节　特点与价值....................87
**第八章　空手道场地和装备**
  第一节　场地........................90
  第二节　装备........................91
**第九章　空手道基本技术**
  第一节　姿势........................94
  第二节　动作.......................106
  第三节　呼吸.......................109
  第四节　阻挡.......................110
  第五节　扑倒与滚翻...................116

# 目录 CONTENTS

  第六节 冲与击……………………119
  第七节 踢与撞击…………………124
**第十章 空手道基础战术**
  第一节 战略制定…………………134
  第二节 战术能力培养与应用………138
**第十一章 空手道比赛规则**
  第一节 程序………………………146
  第二节 裁判………………………148

# 柔道

## 第一章 运动保护

"生命在于运动",但是盲目、不科学的运动非但不能起到强身健体的作用,反而会给身体带来一定的伤害。只有掌握体育锻炼的一般性生理卫生知识,科学地进行体育锻炼,才能起到健身强体的作用。

## 第一节 生理卫生

青少年在进行体育运动时，除了应进行一般性的身体检查和必要的咨询外，还要注意培养运动兴趣和把握适当的运动强度。

### 一、培养运动兴趣

在进行体育运动前，必须培养自己对体育运动的兴趣。培养兴趣的方法有很多，如观看体育比赛，与同学、朋友进行体育比赛等。有了浓厚的兴趣，就能自觉地投入体育运动之中，从而达到理想的体育锻炼效果。

### 二、把握运动强度

因为青少年进行体育运动，主要是在享受体育运动的过程中增强体质，提高健康水平，而不仅是为了创造运动成绩，所以运动强度不宜过大。控制运动强度最简单的办法是测定运动时的脉搏。对青少年来说，运动时的脉搏控制在每分钟140次左右较为合适。

## 第二节 运动前准备

运动前进行充分的准备活动，对于青少年来说是非常重要的。一些青少年体育运动爱好者，常常不重视运动前的准备活动，导致各种运动损伤，影响运动效果，也容易失去对体育运动的兴趣，甚至造成对体育运动的畏惧。因此，青少年在进行体育运动前，必须做好充分的准备活动。

### 一、准备活动的作用

运动前做好充分的准备活动能够对肌肉、内脏器官有很大的保护作用，同时还可以提前调节运动时的心理状态。

#### （一）提高肌肉温度，预防运动损伤

运动前进行一定强度的准备活动，不仅可以使肌肉内的代谢过程加强，温度增高，血液黏滞性下降，提高肌肉的收缩和舒张速度，增强肌力，同时还可以增加肌肉、韧带的弹性和伸展性，减少由于肌肉剧烈收缩而造成的运动损伤。

#### （二）提高内脏器官的功能水平

内脏器官的功能特点之一就是生理惰性较大，即当活动开始、肌肉发挥最大功能水平时，内脏器官并不能立刻进入

最佳活动状态。

### (三)调节心理状态

青少年进行体育锻炼不仅是身体活动,同时也是心理活动。研究证明,心理活动在体育锻炼中起着非常重要的作用。体育锻炼前的准备活动,可以起到心理调节的作用,即接通各运动中枢间的神经联系,使大脑皮层处于最佳兴奋状态。

## 二、如何进行准备活动

一般来说,准备活动主要应考虑内容、时间和运动量等问题。

### (一)内容

准备活动可分为一般准备活动和专项准备活动。一般准备活动主要是一些全身性的身体练习,如跑步、踢腿、弯腰等。一般准备活动的作用在于提高整体的代谢水平和大脑皮层的兴奋状态,减少运动损伤的发生。专项准备活动是指与所从事的体育锻炼内容相适应的动作练习。

下面介绍一套一般准备活动操,供青少年运动前使用。这套活动操主要包括头部运动、肩部运动、扩胸运动、体侧运动、体转运动、髋部运动和踢腿运动等。

1. 头部运动

头部运动的动作方法（见图1-2-1）是：

两手叉腰，两脚左右开立，做头部向前、向后、向左、向右，以及绕环运动。

2. 肩部运动

肩部运动的动作方法（见图1-2-2）是：

手扶肩部，屈臂向前、向后绕环，以及直臂绕环。

3. 扩胸运动

扩胸运动的动作方法（见图1-2-3）是：

屈臂向后振动及直臂向后振动。

4. 体侧运动

体侧运动的动作方法（见图1-2-4）是：

两脚左右开立，一手叉腰，另一臂上举，并随上体向对侧振动。

5. 体转运动

体转运动的动作方法（见图1-2-5）是：

两脚左右开立，两臂体前屈，身体向左、向右有节奏地扭转。

6. 髋部运动

髋部运动的动作方法（见图1-2-6）是：

两脚左右开立，两手叉腰，髋关节放松，向左、向右各做360°旋转。

7. 踢腿运动

踢腿运动的动作方法（见图1-2-7）是：

两臂上举后振，同时一腿向后半步，然后两臂下摆后振，同时向前上方踢腿。

图 1-2-1

图 1-2-2

图 1-2-3

运动保护
YUNDONG BAOHU

图 1-2-4

图 1-2-5

图 1-2-6

007

图 1-2-7

## (二)时间和运动量

准备活动的时间和运动量随体育锻炼的内容和量而定,由于以健身为目的的体育运动量较小,因此准备活动的量也相对较小,时间也不宜过长,否则,还未进行体育锻炼身体就疲劳了。半小时的体育锻炼,准备活动时间一般以10分钟左右为宜。

## 第三节 运动后放松

进行剧烈的体育运动后,有些青少年习惯坐在地上,或是直接躺下来休息,认为这样可以快速消除疲劳。其实不然,这样做的结果不仅不能尽快地恢复身体功能,反而会对身体产生不良影响,正确的做法应该是运动后做一些整理活动,放松身体。

## 一、运动后整理活动的必要性

运动后的整理活动不但可以避免头晕等症状，还可以有效地消除疲劳。

### (一)避免头晕

人体在停止运动后，如果停下来不动，或是坐下来休息，静脉血管失去了骨骼肌的节律性收缩，血液会由于受重力作用滞留在下肢静脉血管中，导致回心血量减少，心血输出量下降，造成暂时性脑缺血，出现头晕、眼前发黑等一系列症状，严重者甚至会出现休克。为了避免这些症状的发生，整理活动是非常必要的。

### (二)消除疲劳

除了避免头晕等症状的发生，运动后的整理活动还可以改善血液循环状态，达到快速消除疲劳的目的。

## 二、放松方法

在运动后放松时，应注意以下几个问题：
(1)做一些放松跑、放松走等形式的下肢运动，促进下肢静脉血的回流，防止体育锻炼后心血输出量的过度下降；
(2)在下肢活动后进行上肢整理活动，右臂活动后做左臂的整

理活动，通过这种积极性休息，使身体功能得到尽快恢复；

（3）整理活动的量不要过大，否则整理活动又会引起新的疲劳；

（4）在进行整理活动时，应当保持心情舒畅、精神愉快。

## 第四节 恢复养护

人体在运动后，除采用休息和积极性体育手段加速身体功能的恢复外，还可以根据体育运动的特点，补充不同的营养物质，以尽快消除疲劳。

体育运动结束后，人体内会产生一种叫作乳酸的酸性物质，它的积累会造成肌体的疲劳，使恢复时间延长。所以，我们在体育运动后，应多肌补充一些碱性食物，如蔬菜、水果等，而动物性蛋白等肉类食品偏"酸"，在运动后的当天可适当减少摄入。

# 第二章 柔道概述

柔道在日本中古时期被称为"柔术"，也被称为"体术""和术""相搏"等。实际上，它是一种徒手格斗竞技，是当时日本民众颇为喜欢的一种强身和自卫运动。

现代柔道是一种两人徒手较量的竞技运动，能最有效地提高身心能力。由于它攻击防守的对练和以柔克刚、刚柔相济的技术特点，因此可使身体的敏捷性、灵活性、力量性和精神品质都得到锻炼与发展。

## 第一节 起源与发展

柔道于 1964 年被列入奥运会正式比赛项目，成为一项世界性的体育项目。在日本，柔道八段者约有 150 万人，世界上有超过 2000 万人习练柔道。

### 一、起源

柔道起源于日本，嘉纳治五郎创建讲道馆以后，柔道在日本很快普及。1949 年，由讲道馆倡议组建了全日本柔道联盟。

第二次世界大战以后，欧美国家的许多柔道爱好者来到讲道馆学习，掀起了一股柔道热潮。这些人学成回国后，便极力推广并传授柔道技术，使柔道在世界范围内广泛传播。

### 二、发展

国际柔道联盟于 1952 年成立。

1956 年 5 月 3 日，在柔道的发源地日本东京举行了第 1 届世界柔道锦标赛，有 21 个国家参加。

1964 年，第 18 届奥运会开始把柔道列为正式比赛项目。

1992 年，第 25 届巴塞罗那奥运会将女子柔道列为正式比赛项目。

柔道在世界上已有 100 多年的历史，具有广泛的群众基础。

它在近10年发展迅速，已有180多个国家或地区成为国际柔道联会会员。柔道运动技战术的不断变化和提高，使柔道运动不断向前发展。

## 第二节 特点与价值

柔道运动易于开展，对提高身体素质和发展心智都有着积极的作用，而且还有助于各国之间，人与人之间进行文化交流。

### 一、特点

柔道既具有一般体育项目的运动特点，又具有它自身的特殊性。柔道不但是力量、技术、意志、心理、智慧的竞技和健美的艺术，而且还可以培养人崇高的审美观，并能塑造人的心灵。

#### （一）易于开展

柔道的专用比赛场地很正规，但如果在平时为了健身或者切磋技艺，在一个边长12~13米的海绵垫子上就可以进行，比较容易开展。

#### （二）以柔克刚，刚柔相济

柔道运动能够有效地提高身心能力，由于攻击防守的对练和以柔克刚、刚柔相济的技术特点，可使身体的敏捷性、灵活性、

力量性和精神品质都得到锻炼与发展。

## 二、价值

柔道对人体和社会具有极大的影响，主要表现在以下几个方面：

### (一)增强力量

柔道比赛时要靠人体的爆发力和力量来完成动作，只有在最短的时间内将最大的力量发挥出来，才能够达到攻防的目的。

训练有素的选手，其肌肉工作时的弹力和出拳时的爆发力要比一般人高出几倍。经常练习柔道，可以锻炼柔道爱好者和柔道运动员的爆发力和速度力量，提高柔道爱好者和运动员的肌肉素质。

### (二)提高灵敏性和反应能力

在柔道比赛和训练时，运动员要熟练地掌握并运用各种技术方法，灵活地变化并运用各种战术，随机应变地随场上情况及时调整自己的技战术，同时完成各种技术等，所有这一切，都需要选手具有高度的灵敏性和快速的反应能力。

经常练习柔道和参加柔道比赛的人，他们的灵敏性和反应能力就会得到充分锻炼和提高，这种灵敏性和反应能力表现在日常工作和生活中，就会使锻炼者觉得生活轻松自如，从而增加对生活的乐趣和情趣。

## (三)促进身心健康发展

柔道运动是手脑并重和全身活动的运动项目，对锻炼者的呼吸系统、循环系统、神经系统和运动系统都有非常高的要求。

柔道训练、比赛既是人体能力的较量，同时也是心理、智慧的较量。长期从事柔道运动，可以培养人们顽强拼搏、敢打敢拼、百折不挠的意志品质，也可以培养人们对事业的专注和执著追求的精神。对锻炼者在日常工作和生活中冷静地处理遇到的困难有着极大的帮助作用。

## (四)防身、自卫的有效手段

柔道技术比较简单，容易掌握，经过反复训练、实践后，作为防身自卫的一种手段是非常有效的。通过柔道的训练，可以提高练习者的防身意识和自卫能力。

# 第三章 柔道场地和装备

场地和装备是进行柔道运动必备的条件,对锻炼者和运动员技术水平的提高有很大的益处。良好的场地可以使运动员和练习者较高地发挥自己的技术特点。

## 第一节 场地

柔道的练习场地或比赛场地称为道场，它不仅是学习柔道技术的场所，也是培养意志品质的地方。因此，在道场练习动作时必须严肃认真。

### 一、规格

（1）柔道运动教学与比赛场地是用榻榻米或泡沫塑料垫子铺成的正方形，边长14～16米，通常为绿色，放置在有弹性的地板或台上；

（2）台用坚固、有弹性的木料制成，边长约18米，比赛场地分为内外两个区域，中间用宽约1米的红色危险区隔开；

（3）危险区以内（包括危险区）称为比赛区，边长9～10米，危险区以外2.5～3米的区域称为安全区；

（4）在比赛区中央，分别标出长25厘米、宽6厘米的红色和白色标志，两线相距4米；

（5）红色标志在主裁判员右侧，白色标志在主裁判员左侧，运动员在比赛开始和结束时应站在线上（见图3-1-1）。

安全区
危险区
比赛区

14~16 米

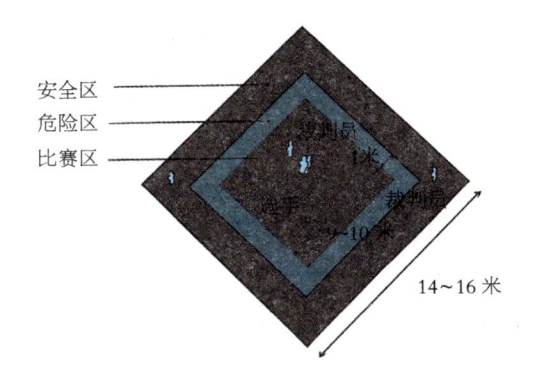

图 3-1-1

## 二、设施

赛场铺有 50 块榻榻米，危险区内铺有垫子或榻榻米。

## 三、要求

（1）为了明确区别比赛区和保护区，在界线内侧设有异色标志；

（2）设场地时，中间不留空隙，表面平坦，应具有缓冲性；

（3）使用两个或两个以上相邻的比赛场地时，允许在两个场地之间，共用一个安全区；

（4）比赛场地的四周应有宽度不小于 0.5 米的空间。

## 第二节 装备

在柔道练习和比赛时，必须赤脚，穿着柔道衣进行。柔道衣包括服装和腰带。

### 一、服装

#### (一)型号

柔道的服装一般分大号、中号和小号 3 种，运动员应选择适合自己的服装。

#### (二)材质

柔道运动员专用服装用棉布或类似材料制成，为白色或米黄色。

#### (三)要求

(1)上衣的长度要求遮盖住臀部，袖子的长度要求略超过前臂的中部，袖口和前臂最粗的部位有 5 厘米以上的空隙；

(2)裤子的长度要求略超过小腿的中部，裤腿和小腿最粗的部位必须有 7 厘米以上的空隙。

## 二、腰带

### (一)规格

腰带宽4～5厘米，打上方结，结的两端应余有15厘米的长度。

### (二)材质

一般用棉布或类似材料制成，颜色代表段位。

### (三)要求

(1)为了防止上衣散开，要打结束紧；
(2)比赛时，双方运动员要系不同颜色的腰带。

# 第四章 柔道基本技术

柔道的基本技术是每一位练习者都必须掌握的基本实用技术，包括基本站立姿势、基本步法、手摔法、腰摔法和足摔法等。

## 第一节 基本站立姿势

基本站立姿势是柔道练习的基础，是在自然姿势基础上适应对方进行进攻或防守的稳定姿势，包括正自然体、右自然体、左自然体、正自然体对练、右自然体对练、左自然体对练、正自护体、右自护体、左自护体、正自护体对练、右自护体对练和左自护体对练等。

### 一、正自然体

正自然体的动作方法（见图4-1-1）是：

（1）两脚左右分开站立，两脚跟之间距离约为一脚长，并在一条直线上；

（2）身体重心在两腿之间，全身肌肉放松，精力集中。

图 4-1-1

## 二、右自然体

右自然体的动作方法（见图4-1-2）是：
(1) 由正自然体开始，右脚向右前方迈出一步；
(2) 身体重心在两腿之间，呈身体右侧向前站立姿势。

图 4-1-2

## 三、左自然体

左自然体的动作方法（见图4-1-3）是：
与右自然体动作相同，只是方向相反。

图 4-1-3

## 四、正自然体对练

正自然体对练的动作方法(见图 4-1-4)是：
(1)正自然体站立，双方互相用右手抓住对方的右中袖外侧；
(2)右手抓住对方左前领进行对练。

图 4-1-4

## 五、右自然体对练

右自然体对练的动作方法(见图 4-1-5)是：
(1)右自然体站立，双方互相用右手抓住对方左前领；
(2)左手抓住对方右中袖外侧进行对练。

图 4-1-5

## 六、左自然体对练

左自然体对练的动作方法(见图 4-1-6)是：
(1)左自然体站立，双方互相用左手抓住对方右前领；
(2)右手抓住对方左中袖外侧进行对练。

图 4-1-6

## 七、正自护体

正自护体的动作方法(见图 4-1-7)是：
(1)上体保持正自然体姿势，两膝沿脚趾方向弯曲；
(2)身体重心在两腿间，整个身体均衡用力。

图 4-1-7

## 八、右自护体

右自护体的动作方法(见图 4-1-8)是：
(1)正自护体站立，右脚向右前方迈出一步，两腿弯曲；
(2)身体重心在两腿之间，呈身体右侧向前站立姿势。

图 4-1-8

## 九、左自护体

左自护体的动作方法(见图 4-1-9)是：
左自护体姿势与右自护体姿势相同，只是方向相反。

图 4-1-9

## 十、正自护体对练

正自护体对练的动作方法（见图 4-1-10）是：

正自护体姿势站立，两手抓住对方的左、右前领或左、右中袖进行对练。

图 4-1-10

## 十一、右自护体对练

右自护体对练的动作方法（见图 4-1-11）是：
(1) 两腿弯曲，腰部下沉；
(2) 呈身体右侧向前的右自护体站立姿势；
(3) 双方互相将右手伸向对方右腋下，抓住对方右里袖；
(4) 左手从对方右臂外侧抓住其右外袖进行对练。

图 4-1-11

## 十二、左自护体对练

左自护体对练的动作方法（见图 4-1-12）是：
与右自卫体对练方法相同，只是方向相反。

图 4-1-12

## 第二节 基本步法

步法是进攻和防守的重要基础。在比赛过程中正确地运用步法,能够将身体各部位的力量集中于一点,并能保持身体的稳定姿态,在前进、后退和旋转时,既可以随机变换成下一个动作,又能自如地运用技巧,灵活地移动位置,使自己处于有利地位。基本步法包括普通步、前进步、后退步、横跨步和倒插步等。

### 一、普通步

普通步的动作方法(见图 4-2-1)是:
(1)当左脚在前、右脚在后站立时,右脚前进一步,呈右脚在前、左脚在后站立;

（2）左脚再前进一步，呈左脚在前、右脚在后的站立姿势，按照正常行走的方法前进。

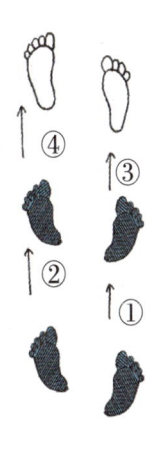

图 4-2-1

## 二、前进步

前进步的动作方法（见图 4-2-2）是：

（1）当右脚在前、左脚在后站立时，第一步先迈右脚，左脚跟着进一步，保持右脚在前、左脚在后的身体姿势和两脚距离；

（2）右脚又前进一步，左脚随着又跟进一步，继续保持右脚在前、左脚在后的身体姿势，依照右脚在前、左脚在后跟进的方法前进。

图 4-2-2

## 三、后退步

后退步的动作方法（见图 4-2-3）是：

（1）与前进步的动作方向相反，右自然体站立时，应先退后脚，再退前脚，并保持后退前的身体姿势和两脚距离；

（2）在正自然体站立时，根据攻防需要可先退任何一脚，再退另一脚。

图 4-2-3

## 四、横跨步

横跨步的动作方法(见图4-2-4)是：

(1)两脚左右分开站立,左(右)脚向左(右)侧横跨一步,右脚随着向左(右)侧跟进一步；

(2)保持原来两脚分开站立的身体姿势和两脚距离。

图 4-2-4

## 五、倒插步

倒插步的动作方法(见图4-2-5)是：

(1)右(左)脚向左(右)前方迈出一步,同时身体向左(右)后转；

(2)随着左(右)脚向右(左)脚方向后移半步,转体后呈背向对方站立。

图 4-2-5

## 第三节 手摔法

手摔法是指用手上技巧将对方摔倒的技术方法，比赛中经常使用，包括背负摔、单臂背负摔、体落、浮落、肩车、掬投、隅落和双手刈等。

### 一、背负摔

背负摔的动作方法（见图 4-3-1）是：
（1）双方均以右自然体站立交手；
（2）用左手抓住对方右外中袖或袖口，用右手抓住对方左前领；

（3）将自己右脚尖向对方右脚前伸进；

（4）随着身体向左转，将自己右肘从下经左向上转，顶在对方右腋下；

（5）左手用力拉住对方右臂，同时左腿后移；

（6）倒插于对方左脚前，进胯，屈膝，使臀部顶在对方大腿上部，将对方背起；

（7）两手将其上体拉紧，趁势上体前屈，同时蹬腿、提臀，两手用力向左下方拉。

图 4-3-1

## 二、单臂背负摔

单臂背负摔的动作方法（见图 4-3-2）是：
（1）双方均以右自然体站立交手；
（2）左手抓住对方右中袖下部，右手抓住对方左前领；
（3）向前拉扯，使对方身体向右前方倾斜；
（4）迅速将右脚伸到对方右脚尖内侧；
（5）两手用力上提，控制住对方身体，随之向前逼近；

（6）在右脚上步的同时，左手换抓对方右手腕，拉向自己左肩旁，右臂伸向对方右腋下，两手用力抓住对方右臂；

（7）左脚倒插，进胯，用臀部顶住对方大腿上部，并将其上体拉紧，利用上体前屈、蹬腿、提臀和两手用力向右下拉的力量，迅速将对方身体由肩至腰呈弧线形摔下去。

图 4-3-2

## 三、体落

体落的动作方法（见图 4-3-3）是：

（1）双方均以右自然体站立交手；

（2）左手抓住对方右中袖外侧，右手抓住对方左前领；

（3）左脚向前逼近，迫使对方右脚后退；

（4）右脚向对方右脚前内侧上步，身体左转，使右胯靠近对方腹部，右臂肘关节从对方左胸部转向左腋前；

（5）上提左前领，使对方身体重心升高，然后左手向前拉，使对方身体向右前方倾斜，左脚倒插步，右腿向右后方伸出，小腿从外侧别住对方右小腿；

（6）用左手拉、右肘上顶、拧腰、转头的动作，将对方向其右前方摔下去。

图 4-3-3

## 四、浮落

浮落的动作方法（见图 4-3-4）是：

（1）双方均以右自然体站立交手；

（2）用左手抓住对方右中袖外侧，用右手抓住对方左前领；

（3）左脚向前逼近一步，迫使对方右脚后退；

（4）当对方右脚尚未站稳时，两手用力后拉，使对方右脚向前上步，并使其身体重心移至右脚上；

（5）右脚伸进对方两腿之间，左脚向左后方撤步，左膝跪地，上体姿势不变，将对方上体拉向自己左胸前，使其处于不稳定状态；

（6）两手继续用力拧转，将对方从自己左侧摔下去。

图 4-3-4

## 五、肩车

肩车的动作方法(见图 4-3-5)是：

(1)双方均以右自然体站立交手；

(2)左手抓住对方右中袖内侧或袖口,右手抓住对方左前领；

(3)左手向后拉,迫使对方右脚向前迈出；

(4)右脚向对方两腿中间上步,身体左转前屈并迅速下蹲,头从对方右腋下穿过,右肩顶住对方腹部；

(5)右手从对方两腿中间伸进去,抱住其右大腿内侧,将对方横扛在自己右肩上,头后部顶在对方右横带上；

(6)左脚收回半步,左手向下拉,身体左前倾,将对方摔下去。

图 4-3-5

## 六、掬投

掬投的动作方法（见图 4-3-6）是：

（1）双方均以右自然体站立交手；

（2）左手抓住对方右中袖，抓住后迅速后拉；

（3）对方为了摆脱被动，会迈出一腿，维持身体平衡；

（4）抢抓对方右里袖，对方势必向左侧移动，并设法进攻；

（5）当对方上左脚要使用技术的瞬间，右脚迅速上步，右腿顶住对方左胯，并用右手从对方腹前，向右横伸至腰外侧，夹住其身体；

（6）随即两腿弯曲，左手将对方右袖拉紧，用两臂的力量牢固控制住对方身体，用力向上抱起，将对方摔下去。

图 4-3-6

## 七、隅落

隅落的动作方法(见图 4-3-7)是：

(1)双方均以右自然体站立交手；

(2)左手抓住对方右中袖外侧,右手抓住对方左前领,两手用力推；

(3)左脚向前一步,迫使对方右脚后退一步,再用力向后拉,当对方右脚向前迈出时,左脚向对方右脚外侧上步；

(4)在使对方身体重心向右后方偏移的同时,右手换抓对方左手,并推向对方左胸,使对方身体重心完全移至右脚上；

(5)左手将对方右臂夹紧抱住,两肘贴紧其腹侧；

(6)屈膝,沉腰,将身体重心放在左脚上,右脚掌用力蹬地；

(7)集中全身力量,将对方向右后方推倒。

图 4-3-7

## 八、双手刈

双手刈的动作方法（见图 4-3-8）是：

（1）双方均以右自然体站立交手；

（2）左手抓住对方右中袖外侧，右手抓住对方左前领；

（3）往前推，使对方身体重心后移，待对方后退的一瞬间，迅速撒开；

（4）上右步，屈膝，扑向对方腿部，从两侧抱住对方双腿，利用身体的前冲力和两手向后搂抱的力量，将对方向后摔倒，使其背部完全倒在垫子上；

（5）头部在对方腹部上，接着做一个前滚翻动作。

图 4-3-8

## 第四节 腰摔法

腰摔法在比赛中运用较多，运用这种摔法需要强大的爆发力，包括大腰、浮腰、腰车、拂腰、提钓进腰、钓腰、跳腰、跳腰卷、后腰、外卷、移腰和钓袖进腰等。

### 一、大腰

大腰的动作方法（见图 4-4-1）是：

（1）双方均以右自然体站立交手；

（2）左手抓住对方右中袖外侧，右手抓住对方左腋下或左里袖；

（3）两手用力拉对方，同时左脚后退，以诱使对方上右脚，使其身体向右前方倾斜；

（4）右脚迅速上步到对方右脚前，同时身体左转，左脚倒插到对方左脚前，并填腰进胯；

（5）右手从对方腋下向后伸，伸到对方左背后，用力屈肘向前搂挂，使对方大腿上部与自己臀部贴紧；

（6）两手向前用力，身体前屈，用猛蹬腿和提臀的力量将对方背起来，向前方摔下去。

图 4-4-1

## 二、浮腰

浮腰的动作方法（见图 4-4-2）是：

（1）双方均以右自然体站立交手；

（2）左手抓住对方右中袖外侧，右手抓住对方左腋下；

（3）用力回拉，同时左脚后退，诱使对方上右脚，使其身体向右前方倾斜，右脚迅速进到对方右脚前，身体左转，左脚倒插到对方左脚前，填腰进胯；

（4）右手从对方腋下转到对方后腰带附近，向前搂挂，使对方大腿上部贴紧自己臀部，利用体前屈、猛蹬腿、提臀甩肩和两手向

前拉的力量,将对方从髋关节侧面向前摔下去。

图 4-4-3

## 三、腰车

腰车的动作方法(见图 4-4-3)是:

(1)双方均以右自然体站立交手,左手抓住对方右中袖外侧,右手抓住对方左里领;

(2)左手用力拉,使对方身体向右前方倾斜;

(3)上体逼近对方,并将右手撒开,换抓对方后领下部;

(4)右脚向对方右脚前上步,右臂前伸屈肘,搂紧对方头部;

(5)左脚倒插进胯,将腰贴紧对方腹部,接着向左拧转,与对方身体呈十字形;

(6)将对方背起,左手用力拉,同时用体前屈和两腿蹬伸的力量将对方向右前方摔;

(7)在对方将要着垫时,将右手撒开,和左手一起抓住对方的右袖。

图 4-4-3

## 四、拂腰

拂腰的动作方法(见图 4-4-4)是：

（1）双方均以右自然体站立交手；

（2）左手抓住对方右中袖外侧，右手抓住对方左里领；

（3）左手用力拉，使对方身体向右前方倾斜；

（4）右脚上步到对方右脚前约半步距离，接着左脚倒插，转体进胯，两手拉紧并上提，控制对方身体；

（5）将自己身体重心移到左脚上，右腿后摆，右小腿将对方右小腿外侧别住，身体继续左转前屈，用两手拉、左腿蹬和右腿上扫的力量，将对方向右前方摔下去。

图 4-4-4

## 五、提钓进腰

提钓进腰的动作方法（见图 4-4-5）是：
(1) 双方均以右自然体站立交手；
(2) 左手抓住对方右中袖，右手抓住对方左前领；
(3) 右肘紧靠对方左胸外侧，用力向上提钓，左手用力拉，并使上体靠近对方身体，右脚向对方右脚前上步，这时对方身体会向右倾斜；
(4) 左脚倒插进胯，两膝弯曲，重心下降，将对方右手拉向自己左腋下，使对方右大腿上部紧靠在自己臀部；
(5) 利用身体前屈、两腿蹬伸和右肘向上顶的力量，将对方向右前方摔下；
(6) 在对方身体着垫前，将左手撒开，左手换抓对方右袖。

图 4-4-5

## 六、钓腰

钓腰的动作方法（见图 4-4-6）是：

（1）双方均以右自然体站立交手；

（2）左手抓住对方右里袖,右手抓住对方左前领,用力拉,使对方身体重心向右前方偏移；

（3）右手撒开,从对方左手下面经过其左体侧向后伸,抓住后腰带上提；

（4）右脚上步到对方右脚尖内侧,左脚倒插进胯,两腿弯曲,右手用力向上提其后带,使对方身体重心升高,而自己臀部要紧贴在对方大腿上部,右手用力抓紧,防止对方向右移动逃脱；

（5）左手拉紧,利用上体前屈、两腿伸直和左手下拉的力量,将对方背起向右前方摔下；

（6）下摔时将右手松开,协助左手下拉。

图 4-4-6

## 七、跳腰

跳腰的动作方法（见图 4-4-7）是：

（1）双方均以右自然体站立交手；

（2）左手抓住对方右中袖外侧，右手抓住对方左里袖，根据对方情况用左手抓住其右前领也可以；

（3）左脚向对方右脚内侧上步，并将左脚尖向外拧，与自己左肩方向一致，同时身体向左转动，两手用力拉，使对方右胸靠近自己右肩；

（4）以左脚作为支撑点，身体向左侧倾斜，迫使对方身体向右侧偏移；

（5）这时右腿略屈，前摆，贴近对方右腿，并转体进胯，用自己背部右侧靠近对方右肋下方，迅速将其背起；

（6）身体重心在左脚尖上，顺势左腿蹬伸，右腿在对方右膝部向上撩，同时上体前屈，将对方横摔下去。

图 4-4-7

## 八、跳腰卷

跳腰卷的动作方法（见图 4-4-8）是：

（1）双方均以右自然体站立交手；

（2）左手抓住对方右中袖下侧，右手抓住对方左前领，两手用力拉，使对方身体重心向前偏移；

（3）右脚略向对方两腿间移进，左脚尖外拧，与自己左肩方向一致，同时身体左转，右脚向对方右脚内侧再上步，并贴近其右腿；

（4）左腿支撑身体，将右手换抓对方后领部位，夹紧头部，使对方上体靠近自己；

（5）充分利用左腿蹬力、右腿上挑、上体向左下方猛屈和右臂向下卷裹的力量，将对方摔下去；

（6）完成这个动作时，用卷裹对方头部的右手撑垫子，将对方从自己背后摔下去。

图 4-4-8

## 九、后腰

后腰的动作方法（见图 4-4-9）是：

（1）双方均以右自然体站立交手；

（2）左手抓住对方右中袖略下方，右手抓住对方左前领；

（3）交手的瞬间，当对方上步进胯使用腰摔法时，要迅速将左脚向左方移动，左膝顶住对方左膝后面，身体重心转移到左脚上，右脚略抬起；

（4）由于对方进攻受阻，因此会企图调整身体姿势，趁对方改变进攻动作的时机，敏捷地将对方抱住，利用两腿蹬伸和腹部上顶的力量，将对方抱起向正前方摔下。

图 4-4-9

## 十、外卷

外卷的动作方法(见图 4-4-10)是：

(1)双方均以右自然体站立交手；

(2)左手抓住对方右中袖，右手抓住对方左里领；

(3)使对方身体重心向右前方偏移；

(4)右脚上步到对方两脚中间，左脚倒插到对方左脚内侧，左手用力拉，使对方身体紧紧靠在自己身体上，再以左脚支撑身体，右脚后移至对方右脚外侧，并将右腿紧贴住对方右腿膝部；

(5)同时将抓领子的右手撒开，右臂用力上伸，转到对方头右侧，将对方右臂挟在自己右腋下，并用力勒紧；

(6)上体左转，以左脚为轴，利用右臂下压、右脚外别和腰背向左转卷的力量，将对方摔倒。

图 4-4-10

## 十一、移腰

移腰的动作方法(见图 4-4-11)是：

(1)双方均以右自然体站立交手；

(2)当对方捅步进胯后，要迅速撒开左手，将对方拦腰抱住，左腿弯曲，左膝盖顶住对方右膝，防止对方使用腰摔法技术；

(3)由于对方进攻不成功，会急速调整身体姿势，我方利用对方身体直立的瞬间，右手换抓对方左前领，左手用力将对方抱住；

(4)左脚向对方右脚前上步，趁势向其右腹前移腰进胯，将对方背起，经左侧向前摔下。

图 4-4-11

## 十二、钓袖进腰

钓袖进腰的动作方法(见图4-4-12)是：

(1)双方均以右自然体站立交手；

(2)左手抓住对方右中袖，右手抓住对方左前领略下部位，使对方身体重心向右前方偏移，趁机使用右背负摔、小内刈、大内刈等技术；

(3)当对方将身体重心移到左脚上进行躲避的瞬间，将左脚向对方的左脚内侧迈进，同时左手换抓对方右袖口；

(4)将对方右手从自己腹部前迅速向左肩方向拉扯、上顶，右脚向对方右脚尖前插步，缩身、转体、进胯，两膝弯曲，并使对方腹部贴紧自己腰左侧，立即用左胯将对方背起，利用两脚蹬伸、两手向前拉和身体前屈的力量，将对方向前摔下。

图4-4-12

## 第五节 足摔法

足摔法经常在比赛中使用,特点是快而有力,包括拦钓进足、拂钓进足、内股、大外刈、大外车、小外刈、小外挂、大内刈、小内刈、小内落、膝车、大车、足车、出足拂和送足拂等。

### 一、拦钓进足

拦钓进足的动作方法(见图4-5-1)是:
(1)双方均以右自然体站立交手;
(2)左手抓住对方右中袖,右手抓住对方左里领;
(3)两手用力推,迫使对方依照先左后右的顺序向后退,当对方右脚刚退回时,左手立即回拉,以诱使对方右脚上步;
(4)将自己身体右移,重心降低,上体略向左转;
(5)在对方右脚着垫的同时,将自己右臂屈肘,呈手在上、肘关节向下的姿势,向左上方猛推,左手继续用力向左后方拉,使对方身体向其右前方倾斜,并使其上体靠近自己;
(6)左腿迅速前伸,用脚内侧横拦在对方右脚踝处;
(7)左手拉,右手提,两手充分用力,使对方向其右前方摔倒。

图 4-5-1

## 二、拂钓进足

拂钓进足的动作方法(见图 4-5-2)是：

(1)双方均以右自然体站立交手；

(2)左手抓住对方右中袖,右手抓住对方左里袖；

(3)两手用力向前推,先上右脚,再上左脚,迅速追进对方,使其向右后方退守；

(4)当对方感到被动时,就会进行反攻；

(5)在对方向前迈出右脚,并将身体重心移至右脚的瞬间,立即用左手拉和右手上提的力量使对方身体向其右前方倾斜,用左脚内侧猛扫踢对方右脚外侧,使其身体腾空；

(6)这时自己身体向左侧闪开,将对方向前摔下去。

图 4-5-2

## 三、内股

内股的动作方法(见图 4-5-3)是：

(1)双方均以右自然体站立交手；

(2)左手抓住对方右中袖下方，右手抓住对方左里领；

(3)将对方拉过来，使对方身体向右前方倾斜，同时右脚向对方右脚尖内侧上步，左脚倒插于对方左脚尖前，左手向左腋下拉，右手向前推，使对方头部和自己头部紧紧靠住，这时对方身体已失去平衡；

(4)右脚迅速伸进对方两腿中间，将对方右大腿内侧向上撩起，同时身体前屈，左腿蹬伸，上体向左转，甩头，两手向左侧拉，使对方向右前方摔下。

图 4-5-3

## 四、大外刈

大外刈的动作方法（见图 4-5-4）是：

（1）双方均以右自然体站立交手；

（2）左手抓住对方右中袖外侧，右手抓住对方左里领，两手用力抓牢；

（3）右脚向对方右脚外侧上步，同时将对方身体拉紧，并使其身体向右后方倾斜，接着将右腿提起，跨至对方右腿后，屈膝并绷直脚尖，迅速向后钩挂对方右腿；

（4）身体前倾，右脚后蹬，两手用力前推，将对方向后仰身摔下。

图 4-5-4

## 五、大外车

大外车的动作方法（见图4-5-5）是：

(1) 双方均以右自然体站立交手；

(2) 左手抓住对方右袖侧下方，右手抓住对方左里领，两手用力抓牢，使其重心向右偏移，左脚向对方右脚外侧上一大步；

(3) 右脚动作和大外刈一样，但由于拉力不足，对方重心会移至左腿，企图逃避；

(4) 此时利用对方身体重心移至左腿的时机，身体紧靠对方，右腿伸直向对方左腿伸进，挂住其左小腿；

(5) 以左脚支撑，身体前倾，两手用力前推，使对方向正后方倒下。

图4-5-5

## 六、小外刈

小外刈的动作方法（见图4-5-6）是：

(1)双方均以右自然体站立交手;

(2)左手抓住对方右中袖,右手抓住对方左前领,左脚上步,迫使对方右脚后退,再用力向回拉;

(3)当对方上右脚时,左脚向对方右脚外侧上步,接着将身体向右侧闪开,右脚也向对方右脚尖方向上步,以右脚作为支撑脚;

(4)两臂肘关节向下,右手腕顶住对方左胸,并使其向右后方倾斜,趁其身体重心从左脚移到右脚时,左手略向下拉,右手向上提,右腿略屈,使身体重心下降;

(5)用左脚内侧向对方右脚跟部钩踢,使对方向后摔下。

图 4-5-6

## 七、小外挂

小外挂的动作方法(见图 4-5-7)是:

(1)双方均以右自然体站立交手;

(2)左手抓住对方右里袖,右手抓住对方左里领,进右脚再上左脚,迫使对方后退;

(3)这时右脚向对方右脚前上步,两手用力抓紧,控制住对方上体,拉紧对方右袖,腹部顶住对方右肘;
　　(4)右手换抓对方左肩,右肘顶住对方左胸,左手向下拉,右手向上提,使其身体重心向右后方偏移,利用左脚内侧挂住对方右脚跟上部、上体向前推压和右腿蹬伸的力量,将对方摔倒。

图 4-5-7

## 八、大内刈

大内刈的动作方法(见图 4-5-8)是:
　　(1)双方均以右自然体站立交手;
　　(2)左手抓住对方右里袖,右手抓住对方左前领;
　　(3)用力推,使对方身体重心向左后方偏移,迫使对方左腿后退;
　　(4)右脚上到对方右脚尖内侧,左脚向自己右脚跟方向上步;
　　(5)用左手拉、右肘顶来防止对方向右转体逃脱;
　　(6)接着右腿屈膝,在对方左膝处向后用力缠挂,两手推拉,使

对方向左后方倾倒;

（7）当对方快要摔倒时,经常会利用倒地摔等动作进行反攻,所以左脚应继续前进一步。

图 4-5-8

## 九、小内刈

小内刈的动作方法（见图 4-5-9）是：
（1）双方均以右自然体站立交手;
（2）左手抓住对方右中袖下方,右手抓住对方左前领;
（3）右脚上步,左脚也跟着上步,迫使对方后退;
（4）用力回拉,诱使对方右脚上步,准确判断对方右脚落地位置,将自己右脚恰好上到对方右脚内侧,随即左脚向前跟进作为支撑脚;
（5）右手将对方左领抓紧,右脚内旋,拦住对方右脚跟,屈膝用力向后勾挂;
（6）两手用力推,身体前倾,使对方失去平衡向右后方摔倒。

图 4-5-9

## 十、小内落

小内落的动作方法（见图 4-5-10）是：

（1）双方均以右自然体站立交手；

（2）右手抓住对方左前领外侧，左手抓住对方右前领；

（3）右手用力拉，迫使对方左脚向前上一大步，并使其重心移到左脚上；

（4）左手撒开后，向对方左腋下伸，控制对方左腿，同时左腿从对方两腿之间插进，并将身体重心移至左脚上；

（5）左脚脚跟对准对方左脚踝关节，使对方向正后方倾斜；

（6）右手用力拉，使头部和脸左侧贴近对方左臂肘关节内侧；

（7）用左臂和左腿夹住对方左腿中部，上体紧贴住对方腹部向前顶压。

图 4-5-10

## 十一、膝车

膝车的动作方法(见图 4-5-11)是：

(1)双方均以右自然体站立交手；

(2)左手抓住对方右中袖外侧，右手抓住对方左前领；

(3)左脚上步，迫使对方右脚后退，然后两手用力拉，当对方上右脚时，自己右脚向对方左脚外上步，左脚拦住对方右腿膝关节外侧，以右脚作为支撑点；

(4)右手向上提并向左推，使其身体重心右移，左手回拉；

(5)猛向左转，使对方向右前方摔倒，当对方向前摔倒时，将自己左脚撤回，使自己面向对方。

图 4-5-11

## 十二、大车

大车的动作方法（见图 4-5-12）是：

(1) 双方均以右自然体站立交手；

(2) 左手抓住对方右袖腋下附近，右手抓住对方左前领；

(3) 在使对方身体重心向左前方倾斜时，右脚上步到对方右脚尖前；

(4) 在左脚伸向对方左腿膝盖下部的同时，转体进胯，右手用力拉，使对方身体重心更加向左前方倾斜，左肘将对方右肘向上顶，右手向左胸前拉；

(5) 以右脚支撑身体，将左脚尖向右后伸，别住对方左踝关节上部，接着转体，甩头使对方身体向左旋转倒地。

图 4-5-12

## 十三、足车

足车的动作方法（见图 4-5-13）是：

(1)双方均以右自然体站立交手；

(2)左手抓住对方右中袖，右手抓住对方左前领；

(3)上左步迫使对方右脚后退，右脚迅速向对方右脚内侧上步，左脚立即向自己右脚跟附近跟进一步；

(4)身体左转，并将左脚尖向外拧转，右腿提起，别住对方膝下胫骨部位，以左腿支撑身体，上体不能过多向左倾斜，以保持身体稳定，两手用力拧转，使对方像车轮一样，向右前方旋转倒下。

图 4-5-13

## 十四、出足拂

出足拂的动作方法（见图 4-5-14）是：

（1）双方均以右自然体站立交手；

（2）左手抓住对方右中袖外侧，右手抓住对方左前领；

（3）左脚向前一步，迫使对方右脚后退，在左脚上步的同时，将身体重心移至左脚上，右脚立即跟进半步，脚尖偏向右侧；

（4）左手用力拉，迫使对方右脚向自己左脚前上步，当对方右脚尚未着垫时，立即将胯部前送，左脚横扫对方右踝关节；

（5）左手用力向下拉，右手向左上方推，将对方摔倒；

（6）横扫动作完成后，迅速将左腿收回，呈站立姿势，以防对方动作变化。

图 4-5-14

## 十五、送足拂

送足拂的动作方法(见图 4-5-15)是：

(1) 双方均以右自然体站立交手；

(2) 左手抓住对方中袖外侧，右手抓住对方左前领；

(3) 左手用力回拉，并将自己左腿后退一大步，诱使对方右脚向前上一大步；

(4) 当对方右脚上步时，迅速将右脚向对方左脚内侧靠近，接着左手向右推，右手用力向右提，使对方向左后方倾斜；

(5) 这时对方会向右侧用力，进行反抗，利用这一瞬间，两手顺势向反方向用力，并甩上体向左侧猛屈，将对方向自己左后方推送；

(6) 与此同时，用左脚内侧猛烈扫踢对方右踝关节，将其摔倒。

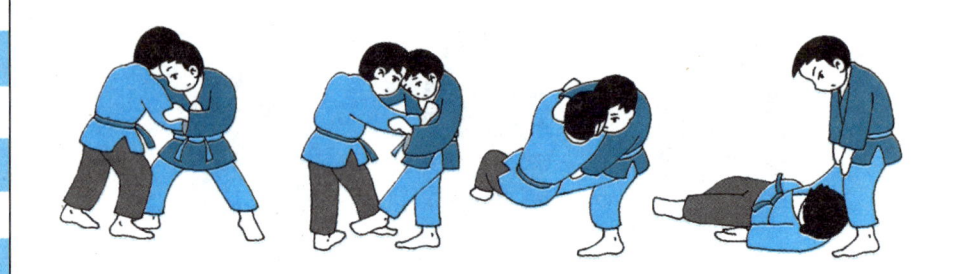

图 4—5—15

# 第五章 柔道基础战术

现代柔道比赛日趋紧张激烈，对抗拼搏越来越凶，在比赛双方势均力敌的情况下，正确运用战术，降低体力消耗，对夺取比赛的胜利具有重要的意义。柔道的基础战术包括场地运用、取得裁判认同和降体重参赛等。

## 第一节 场地运用

双方对峙时，不论占优势还是劣势，对于场地的利用都非常重要。优势者要将对方留在场中央，劣势者要尽可能留在红色危险区旁，即场边。这中间涉及的抢手、移动和攻击，必须在平时不断地模拟和训练，才能在比赛中根据不同的情况作出不同的处理。场地运用包括以拖延时间为主的场地运用和以积极攻击为主的场地运用。

### 一、以拖延时间为主的场地运用

当一方选手已取得有效的攻击优势，但因场上双方势均力敌，想要再得到一个有效攻击的概率不大时，已取得优势的选手可运用场地来拖延时间。

#### (一)运用方法

（1）在比赛开始时，必须以绕圆的方向慢慢靠近对方，同时往场边移动；

（2）双方近身到开始抢手时，移动的方向继续绕圆且位置在场边靠近红色危险区，目的在于使双方一同跑出场外，致使裁判员喊叫暂停，让两位选手再回到开始位置；

（3）当裁判员每一次喊开始时，运用智慧及行动，反复达成目的。

## (二)注意事项

（1）在红色危险区时,必须明确自己应该面对危险区还是背对危险区;

（2）在不得不背对危险区时,要以清晰的头脑思考下一步该怎么走才能化险为夷,并能逐渐掌控比赛节奏。

## 二、以积极攻击为主的场地运用

已经取得有效攻击优势的一方,除非想放弃这场比赛,否则就必须运用场地进行积极的攻击。

## (一)运用方法

（1）当对方占优势时,必须尽力将其留在场地中央;

（2）当对方出现往场边移动的迹象时,不能被其牵制;

（3）在对方因抢手或移动而分散注意力时,应该把握时机,发起连续不断的攻势,不让对方有还手的机会;

（4）如果有充沛的体力和旺盛的斗志,以及绵绵不绝的攻击,即使不能得分,也能促使裁判员判罚对方故意拖延时间。

## (二)注意事项

双方势均力敌、彼此了解对方战术时,如果能够做到积极、冷静、思维清晰并掌控比赛节奏,多数能赢得最后的胜利。

## 第二节 取得裁判员认同

取得裁判员认同是指运动员在比赛时通过积极表现自己的优点来赢得裁判员的认同,从而取得比赛优势的战术,包括在运动精神上取得裁判员认同和在攻击上取得裁判员认同等。

### 一、在运动精神上取得裁判员认同

在双方实力相当时,即使你的攻击较少且较无威胁力,但在气势上必须营造出占优势的假象,让裁判员认为你攻击积极且求胜欲强烈,这样在判定的时候,你获胜的机会就较大。

### 二、在攻击上取得裁判员认同

双方比赛,有经验的裁判员可以加速比赛的节奏,而选手本身更要积极抢攻。不论立姿的攻击还是压制动作的攻击,甚至在抢手时都要给裁判员一个好印象,具体应注意以下几点:

(1)服装要整齐、干净;
(2)礼仪要合宜;
(3)将对方摔倒时,不要目视裁判员等待裁判员判决;
(4)裁判员喊出暂停的口令时,不可再行攻击。

## 第三节 降体重参赛

体重轻且力量大的选手在激烈的比赛中往往占据较大优势。运用降体重参赛的选手，要注意赛前体重控制和赛时原则。

### 一、赛前体重控制

选手在平常练习时，体重应比在参赛时体重的上限多3～5千克，这样练习时将有更多的肌力来进行训练，使训练质量更佳。

赛前一周逐渐控制饮食，使自己在赛前一周就有心理准备，并能调整身体状况，达到最佳效果。

### 二、赛时原则

降体重参赛的选手，速度会比平时差，体力也会较弱，比赛中要贯彻速战速决和保持体力的原则。

#### （一）速战速决原则

速战速决原则的目的是采取积极主动进攻，争取在最短的时间内结束比赛，并赢得比赛胜利。

#### （二）保持体力原则

如果双方实力相当，不得不将比赛时间拉长时，不要做无谓的

攻击，以防消耗体力，而要动脑筋使对方出错，并抓住时机进攻，具体方法有：

（1）尽量将对方逼到角落或红线上，当其前推或试图绕圆进入场中时发起攻击；

（2）做连续两次攻击动作，第一次是让对方移动或失去重心，使其速度变慢，然后做第二次攻击，此时自己速度虽不很快，但仍可成功；

（3）当对方有跪姿出现时，抓住柔道衣的手一定不能放松，此时要带动对方，做压制或卷的动作。

# 第六章 柔道比赛规则

裁判是柔道比赛中一项十分重要的工作,裁判组织是否健全和裁判人员的素质高低,都直接影响着柔道比赛顺利进行。因此,裁判人员的分工必须明确,必须熟悉柔道技术和业务,真正领会和掌握竞赛规则和精神,而且要在裁判时坚决做到严肃、认真、公正和准确,通过自己的努力使运动员在比赛中充分发挥柔道技术和战术,保证比赛顺利完成。

## 第一节 程序

柔道比赛由两位选手在方形道场上进行，比赛须遵循一定的程序，包括参赛办法和比赛方法。

### 一、参赛办法

运动员参加比赛要按照体重来划分级别，一般分为 8 个级别，而且男子和女子的划分标准也不同。

#### (一)男子级别

60 千克级、65 千克级、71 千克级、78 千克级、86 千克级、95 千克级、95 千克以上级和无差别级。

#### (二)女子级别

48 千克级、52 千克级、56 千克级、61 千克级、66 千克级、72 千克级、72 千克以上级和无差别级。

### 二、比赛方法

一场比赛中，运动员获得"一本"后，该场比赛即可结束，获得"一本"的运动员获得本场比赛胜利。一场比赛中没有出现"一本"胜利时，在规定的比赛时间内，则按"技有""有效""效果"的多少评定胜负。一个"技有"胜过所有的"有效"和"效果"。一个"有效"胜过所有的"效果"。如果双方得分相等，则进行加时赛。加时赛中先得分者获得该场比赛胜利。加时赛结束后，如果双方得分还没有改变，则由场上 3 名裁判经过商议举旗决定胜负。

## （一）"一本"

当一方获得"一本"后，即获得该场比赛的胜利，获得"一本"的情况有：

（1）比赛的一方控制对方并使用投技，以相当的力量和速度将对方摔成大部分背部着地状态时；

（2）在"压技"比赛中，一方将对方控制住，使其在宣布"压技开始"后 25 秒钟内不能摆脱控制时；

（3）比赛的一方用手或脚拍击垫子或对方身体两次或两次以上，或喊"输了"时；

（4）当比赛的一方使用绞技或关节技，充分显示出技术效果时；

（5）当比赛一方受到第四个"指导"的处罚，另一方则获得"一本"得分时。

## （二）"技有"

比赛一方在一场比赛中获得第二次"技有"时，即获得胜利，获得"技有"的情况有：

（1）比赛一方控制对方并使用投技摔倒对方，但技术效果在评判"一本"的三个条件中有一项不足时；

(2)在"压技"中,比赛一方将对方控制住,达到 20 秒钟以上时;

(3)当比赛一方受到第三个"指导"的处罚,另一方则获得一个"技有"得分时。

## (三)"有效"

获得"有效"的情况有:

(1)比赛一方控制对方并使用投技将其摔倒,但技术效果在评判"一本"的三个条件中有两项不足时;

(2)在"压技"中比赛一方将对方控制住 15 秒钟以上时;

(3)当比赛一方受到第二个"指导"的处罚,另一方则获得一个"有效"得分时。

## (四)"效果"

获得"效果"的情况有:

(1)比赛的一方控制对方,并使用投技有速度、有力量地将对方摔成肩、大腿或臀部着地时;

(2)在"压技"中,比赛一方将对方控制住 10 秒钟以上时;

(3)当比赛一方受到"指导"的处罚,另一方则获得一个"效果"得分时。

## 第二节 裁判

裁判员是每场比赛的组织者,控制着比赛的进行。裁判员水平的高低,直接关系到运动员的技术和战术的发挥,影响着运动员的胜负。

### 一、裁判员

柔道比赛设 3 名裁判员,主裁判在场上组织运动员进行比赛,并评定技术,宣布胜负。

相对两角各有 1 名裁判员,评定分数和运动员在场上的表现。如果两个边裁的意见一致,可以推翻主裁的判罚。

### 二、评分

柔道比赛可以通过摔倒对方来得分,也可以通过柔道技巧控制对方,使对方在 25 秒内不动,得 1 分,这种得分叫作"一本"。

柔道比赛还可以通过得两个半分取胜,或者是接近半胜的程度,即当选手摔的动作不符合四个标准时,也就是当控制对方的时间没有达到 25 秒,但达到了 20 秒时,得半分,这种得分叫作"技有"。

柔道比赛还有两种计分方法,分别是"有效"和"效果",但这两种情况均不得分。"有效"指的是摔的动作不符合两个标准,或控制对方时间不足,为 15～19 秒;"效果"指的是摔的动作不符合三个

标准，或控制对方时间为 10～14 秒。

"有效"和"效果"通常在比赛结束时作为判定胜负的根据，"有效"作为第一标准，如果还是打成了平手，"效果"则作为第二个标准。如果仍然打成平手，则由边裁根据选手在比赛中的有效动作、犯规次数来决定胜负。

## (一)"一本"犯规

"一本"犯规是比赛中最为严重的犯规，共有十五种情况。

(1)为逃避比赛故意不与对方交手；

(2)在站立姿势时，采取极端的防守姿势；

(3)在站立姿势时，当固定抓握形成后，不做任何进攻动作；

(4)制造进攻的假象而没有摔倒对方的真正意图；

(5)双脚完全站在危险区内，除非开始一次进攻，实施一次进攻，向对方反攻或防守对方的进攻；

(6)在站立姿势时，持续抓握对方下列把位而没有进攻动作：

①用单手或双手抓住对方的腰节或上衣底襟；

②用双手抓对方同一侧的领襟或上衣；

③用双手抓对方柔道衣的一条衣袖；

(7)在站立姿势时，为了达到防守的目的，持续抓握对方的一条或两条袖口；

(8)用一只或一只以上的手指插进对方的袖口或裤脚，或将对方的袖口拧起来抓；

(9)在站立姿势时，为了逃避比赛，持续地交叉抓握对方的一只或两只手的手指；

(10)没有得到主裁判的许可，故意弄乱柔道服，或随意揭开、系上腰带或裤带；

（11）用腰带的末端或柔道服上衣缠绕对方身体的任何部位；

（12）用嘴咬住对方的柔道服；

（13）用手、手臂、脚或腿直接触及对方的脸部；

（14）在站立姿势使用单手或双手握住对方一只脚或两只脚、一条腿或两条腿、一个裤脚或两个裤脚；

（15）在对方仰卧垫上，而自己已成功地站立起来，或跪在垫上，处于能将对方提起来的情况下，对方仍用双腿环绕自己的颈部或腋下。

## （二）注意处分

注意处分是对严重犯规一方的处罚，具体情况如下：

（1）双腿呈剪刀形夹住对方的躯干、颈部或头部；

（2）为了使对方松开抓握的把位，用膝或脚踢对方的手或手臂；

（3）用脚或腿钩住对方腰带、衣领或门襟；

（4）为了摆脱对方的抓握，在对方的手指部位施以反关节技术；

（5）为了进入侵技将对方拖倒；

（6）比赛时，一面在比赛区内施技，一面走出比赛区。

## （三）警告处分

警告处分是对任何有重大犯规行为一方的处罚，具体情况如下：

（1）故意走出比赛区或故意迫使对方走出比赛区；

（2）企图使用以一条腿缠住对方的腿，与对方大致面朝同一方

向,同时往后倒并压在对方身上的技术摔对方;

(3)在肘关节以外的任何关节部位施反关节技术;

(4)使用任何可能摔伤对方颈椎和脊椎的动作;

(5)将躺在垫上的对方提起,再向垫上砸去;

(6)当对方使用扫腰等技术时,从内侧扫绊对方的支撑腿;

(7)在比赛区外或企图在比赛区外施技术;

(8)不听从主裁判的指挥;

(9)在比赛过程中发出不必要的叫声,或作出无视对方人格的言行。

## (四)取消比赛资格

取消比赛资格的处分是对有重大犯规行为一方(或已经受到过"警告"处分,而又出现任何违例行为的一方)的处罚,具体情况如下:

(1)使用内股或扫腰等技术时,身体向前、向下弯曲,以致颈部撞击垫子;

(2)比赛的一方从背后抱住另一方时,任何一方作出有意识地控制住对方一起向后仰的动作;

(3)带有坚硬的金属制品。

# 空手道

## 第七章 空手道概述

空手道是起源于日本的一个重要武技项目。空手道不仅具有自卫防身的功能，而且还可以使人获得现实生活中必备的心理素质，如自信、自律、自控等。对很多人来说，空手道既能提供基本的身体素质训练，又能进一步提高肌肉的力量、肢体的柔韧性和全身的协调性。

## 第一节 起源与发展

空手道是起源于日本琉球的一种自卫术,然后以现代的运动形式在日本本土迅速发展起来。

### 一、起源

空手道的历史可以追溯到人类的起源。远古时期,人类的祖先必须通过与野兽搏斗来获得生存、食物、住所和衣物等。

距今 500 多年前,琉球的上层社会结合古代格斗术和由中国传入日本的拳法,创出了独特的唐手,即最初的空手道。在唐手之前,已有"那里手"和"首里手"(两种名称分别代表不同地域),成为现今空手道各流派的渊源。

### 二、发展

尽管空手道在第二次世界大战后得到了一定的推广,但是发展仍旧缓慢,直到 1964 年日本举办奥运会和全日本空手道联盟成立后,才得到迅速发展和普及。

1970 年,日本空手道联盟向世界各地空手道教练发出邀请,希望他们能够参加在日本东京举行的空手道世界锦标赛,有 34 个国家的选手参加了这一历史性的盛会,并于 1970 年 10 月 14 日成立了世界空手道联合组织,制定了一套统一的竞赛规则和评分体系。

1976 年,国际单项体育联合会接受了世界空手道联合会,空手道得以出现在 1981 年的第一届世界运动会上。

1985 年，国际奥委会正式承认世界空手道联盟为管理空手道项目的组织。该组织是由各国的会员协会组成的，不偏袒任何国家、任何政治主张、任何宗教信仰和任何风格。目前，世界空手道联合会已有 130 个会员协会，据估计已有 1 亿人参加空手道项目的学习。

如今在世界各地成立了很多空手道组织，虽然这些组织有些趋向于使用自己的章程，但是大部分仍采用国际统一章程。

空手道的发展前景光明，它已经成为各大洲的洲际运动会项目。

## 第二节 特点与价值

空手道运动易于开展，强度适中，对提高身体素质和发展心智都有着积极的作用，而且还有助于国与国之间，人与人之间进行文化交流。

### 一、特点

空手道的手部动作占很大比重，以拳、脚攻击为主，也使用肘、膝，与泰拳很相似，介于散打和泰拳之间。

空手道沉稳、凶猛，如装甲车、坦克般硬挡、硬击；手刀是空手道的必杀技，讲究杀伤力，对头的攻击非常频繁；常互相猛攻，有"杀敌一千，自损八百"的攻防气势；扫击对方下肢也频繁使用，很接近真实格斗。

## 二、价值

空手道是一项身心兼练的武技活动,不需要特殊的器材,也不需要特殊的能力。通过练习可以增加练习者的肌肉力量和身体柔韧性,提高自信心和专注力,还能促进个性的发展,具有独特的趣味性和挑战性。

空手道内外兼修的训练特点与众不同,练习者在学到自卫防身技术的同时也锻炼了身体,既强身健体,又增强运动能力。

练习空手道不仅可以使青少年形成遵规守纪的意识,而且还有助于养成确立目标并为之努力的习惯。

## 第八章 空手道场地和装备

场地和装备是进行空手道运动必备的条件，对锻炼者和运动员技术水平的提高有很大的帮助。良好的场地可以使运动员和练习者较高地发挥自己的技术水平。

## 第一节 场地

空手道的练习场地或比赛场地是学习空手道技术的场所，也是培养意志品质的地方。因此，在道场练习动作时必须严肃认真。

### 一、规格

（1）比赛场地为边长 8 米的正方形（自边缘量起），场地可以提高至离地面 1 米；

（2）距比赛场地中心点 1.5 米处，画两条 1 米长的平行线，与主审线垂直，这是比赛选手的位置；

（3）距比赛场地中心点 2 米处画一条 0.5 米长的线，这是主审的位置；

（4）比赛场地内线 1 米处画一正方形，内外以不同颜色区分或用虚线表示（见图 8-1-1）。

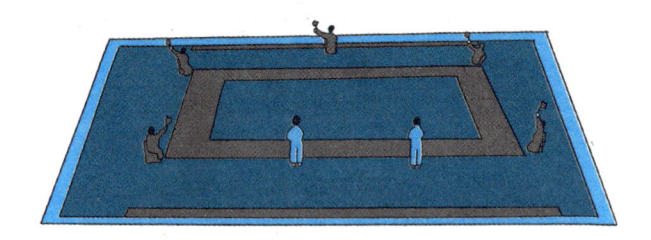

图 8-1-1

## 二、要求

（1）比赛场地必须平坦且无危险；
（2）比赛场地必须铺有正方形的垫子；
（3）垫子不得滑动，紧贴地板，在比赛进行中不能分离；
（4）比赛场地外围1米内不得有广告招牌、广告墙和广告柱等。

## 第二节 装备

　　选手应穿着白色、无标记、无条纹的空手道服（见图8-2-1）。
　　道服用带子在腰间系紧时，长度须至少遮盖住臀部，但不得长过大腿中间。女性选手可在道服里穿上白色的T恤。

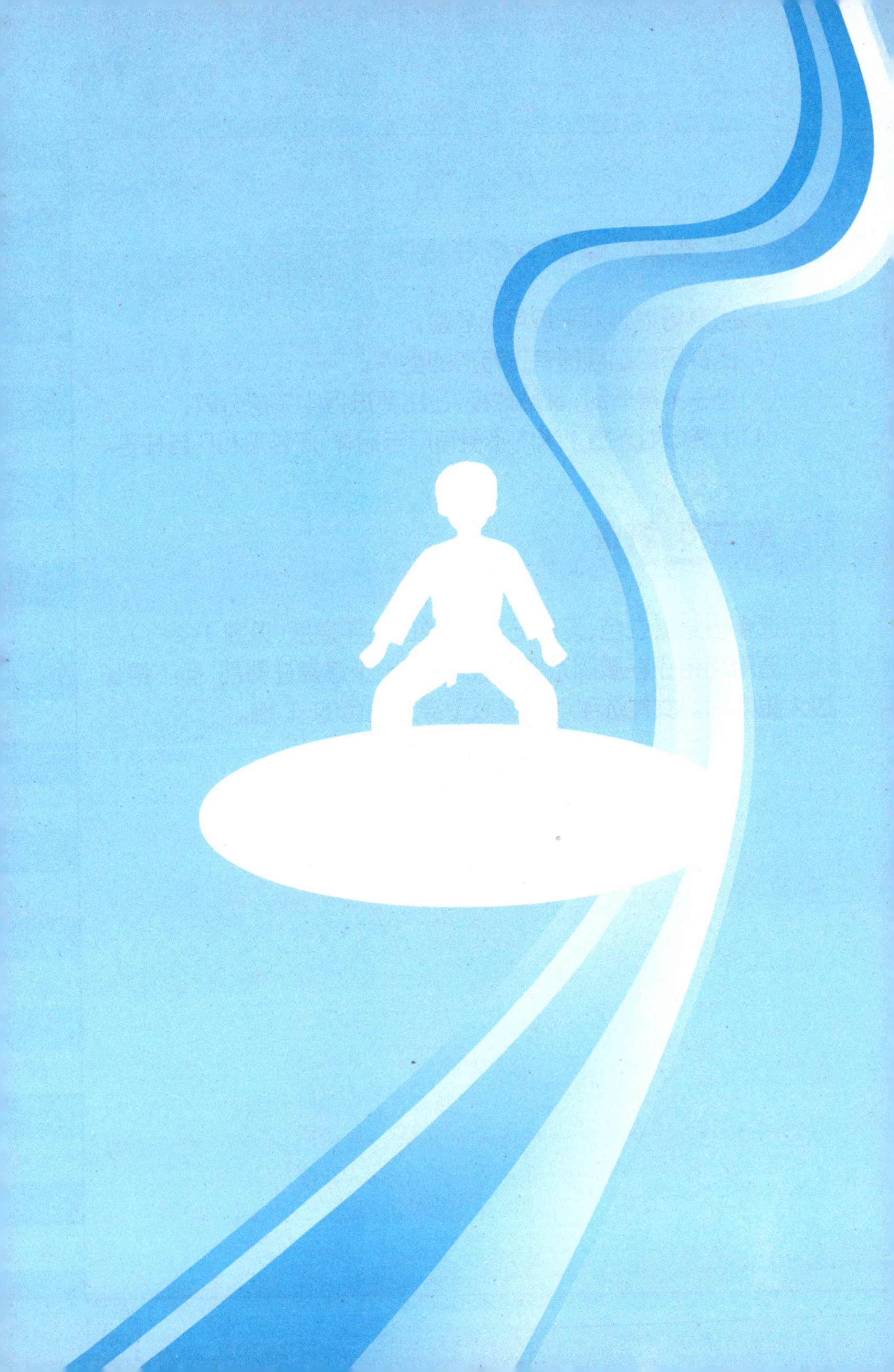

# 第九章 空手道基本技术

若想掌握空手道运动敏捷多变、快速有力的技术动作,就必须学习和掌握空手道的基本技术。这些基本技术是在实战对抗中发挥力量的基础,包括姿势、动作、呼吸、阻挡、扑倒与翻滚、冲与击、踢与撞击等。

## 第一节 姿势

空手道的姿势是练习空手道所有技术动作的起点和基础。如果没有正确的姿势，即使踢、打、击或挡等技术再纯熟，也发挥不出最大的力量，收不到最好的效果。空手道姿势可正可反（见图9-1-1），"正姿势"是用与前腿同侧的臂进行防守，"反姿势"则是用与后腿同侧的臂进行防守。姿势包括基本步形和上体姿势等。

正姿势　　　　　反姿势

图 9-1-1

### 一、基本步形

基本步形包括身体自然姿势、前步（弓步）、后步（侧身半马步）、开腿步（马步）、沙漏步（扣步）、方步（相扑步）、猫步（虚步）、X形步和根步等。

## (一)身体自然姿势

身体自然姿势包括开腿步、T形步、L形步、立正和平行步等。

### 1. 开腿步

开腿步的动作方法(见图9-1-2)是：

(1)目视前方，肩部放松，挺胸立腰；

(2)两脚左右开立，大约与肩同宽。

### 2. T形步

T形步的动作方法(见图9-1-3)是：

(1)目视前方，肩部放松，挺胸立腰；

(2)两脚前后开立，约与肩同宽，呈"T"字形。

### 3. L形步

L形步的动作方法(见图9-1-4)是：

(1)目视前方，肩部放松，挺胸立腰；

(2)两脚前后开立，约与肩同宽，呈"L"字形。

### 4. 立正

立正的动作方法(见图9-1-5)是：

(1)脚跟并拢，脚尖分开；

(2)目视前方，肩部放松，挺胸立腰；

(3)五指并拢，置于体侧。

### 5. 平行步

平行步的动作方法(见图9-1-6)是：

双脚并拢，其他与立正姿势相同。

图 9-1-2

图 9-1-3

图 9-1-4

图 9-1-5

图 9-1-6

## (二)前步(弓步)

前步(弓步)的动作方法(见图 9-1-7)是:

(1)前腿屈膝,膝盖与脚尖在同一垂直线上(也可以略超出脚尖),前腿承受 60%~70%的体重;

(2)两脚的纵向距离为两肩宽,躯干朝正前方或侧前方。

图 9-1-7

## (三)后步(侧身半马步)

后步(侧身半马步)的动作方法(见图 9-1-8)是：
(1)前脚脚尖朝前,后脚脚尖朝侧方向,与前脚尖约呈 90°角；
(2)两膝关节外撑,身体侧向前,后腿承受 60%～70%的体重。

图 9-1-8

## (四)开腿步(马步)

开腿步(马步)的动作方法(见图 9-1-9)是：
(1)双脚在一条横线上分开站立,两脚脚尖朝前,约有两肩宽,脚趾抓地；
(2)两膝关节外撑,屈髋、屈膝、屈踝,重心下沉,背部保持垂直。

图 9-1-9

## (五)沙漏步(扣步)

沙漏步(扣步)的动作方法(见图 9-1-10)是:

(1)前脚脚跟与后脚前脚掌在同一条横线上,两脚距离大约与肩同宽,前脚内扣,后脚朝前;

(2)屈膝,收缩臀部肌肉,两大腿内侧肌肉尽量相靠,脚趾抓地,两膝略分开;

(3)上体垂直,髋关节不要前顶或后凸,重心在两腿之间。

图 9-1-10

## （六）方步（相扑步）

方步（相扑步）的动作方法（见图 9-1-11）是：

与开腿步非常相似，但要求双脚脚尖外展，当两膝弯曲超过脚尖时，身体重心下降。

图 9-1-11

## (七)猫步(虚步)

猫步(虚步)的动作方法(见图9-1-12)是:

(1)重心后置,后脚脚尖外展45°,前脚掌着地;

(2)屈膝、屈踝,重心保持在和其他步形同样的水平线上(髋关节的弯曲程度要比其他步形大),髋部收紧,上体朝前,像猫一样随时准备扑出去。

图 9-1-12

## (八)X形步

X形步的动作方法(见图9-1-13)是:

两腿交叉,前脚全脚着地,外展45°,后脚脚跟抬起,保持平衡,身体重心置于前腿上。

图 9-1-13

## (九)根步

根步的动作方法(见图 9-1-14)是：
(1)呈侧弓步，然后身体朝向马步的方向；
(2)双脚不动，重心移到两腿中间，髋部移到初始位置；
(3)然后使两膝弯曲超过脚尖，同时保持两膝外撑。

图 9-1-14

## 二、上体姿势

上体姿势要求脊柱伸直,双肩放松,目视前方,包括中位防守、下位防守和上位防守等。

### (一)中位防守

中位防守的动作方法(见图9-1-15)是:

(1)身体侧向前方,前肩肘关节与身体之间有一拳的距离,拳置于肩的正前方;

(2)后手掌心向上,在掌心靠近身体肋侧的同时,拳应位于心口窝略下的部位,上臂直对前臂手腕,直对攻击目标。

图 9-1-15

### (二)下位防守

下位防守的动作方法(见图9-1-16)是:

与中位防守相似,只是前手的前臂置于比髋部略低的位置。

图 9-1-16

## (三)上位防守

上位防守的动作方法(见图 9-1-17)是:

(1)挺胸、拔背,前手臂的上臂架于体侧,与地面平行,与前臂呈 90°角,以免挡住视线;

(2)后手握拳内旋架于面前,指关节靠近太阳穴,使上臂垂直于地面,前臂平行于地面。

图 9-1-17

## 第二节 动作

空手道的威力来自力量和速度，空手道技术中的同一步形或两个步形之间都可以产生发力动作，包括髋部击打、收手技术、改变步形和上步方法等。

### 一、髋部击打

腹部肌肉向身体中心收缩，这一动作是产生空手道技术动作力量的主要源泉，可以通过旋转、扭动或通过髋部来达到。髋部击打是指在转动髋部时不仅要配以能引起横膈膜适度运动的呼吸，而且要降低身体重心，使下盘稳固（见图9-2-1）。

图9-2-1

## 二、收手技术

收手技术是指当一只手进攻或防守时，另一只手迅速地收回至髋部，以平衡整个技术动作。收得越快，击打得也就越快（见图9-2-2）。

图 9-2-2

## 三、改变步形

不管是进攻还是防守，身体重心都要沿着最近、最直接的路线水平运动。要做到这点，上步时应先屈膝、屈踝，然后轻微滑行落地，摆动腿自然靠近支撑腿，并将身体平稳地移过去，这一动作叫作环形上步，它是由支撑腿推动整个身体重心前移的（见图9-2-3）。

图 9-2-3

## 四、上步方法

空手道有两种上步方法：一种是一只脚蹬地、另一只脚滑行落地的上步动作，即一只脚落于另一只脚的前方，并改变步形；另一种是双脚先后滑行落地，不改变步形。由于这些上步动作都是以一只脚为控制中心，另一只脚移动，因此十分灵活，可以前移、侧移和后移。两种步法都需要在上步时做到移动脚靠近支撑脚，这样既保证了动作稳定，又可以在必要时随时改变步法（见图 9-2-4）。

图 9-2-4

## 第三节 呼吸

正确的呼吸对于成功完成空手道技术动作至关重要，呼吸包括宁静、吸吹、聚吹和呼喊等。

### 一、宁静

宁静的动作方法是：
(1)盘腿呈莲花坐，后背挺直，两手手心向上，置于大腿内侧；
(2)以缓慢平稳的鼻式吸气法吸气数秒，至肺部达到最大吸气量，然后同样缓慢、平和地用嘴将气呼出。

### 二、吸吹

吸吹的动作方法是：
(1)利用横膈膜和腹部肌肉进行快速有力的运动；
(2)呼气越快、越有力，击打的速度就越快，力量就越大。

### 三、聚吹

聚吹的动作方法是：
(1)在缓慢呼气时，要求最大限度地收缩全身肌肉，直到呼气结束；
(2)然后在肌肉放松时吸气，这种呼吸方法可使全身肌肉在最大限度地收缩时黏合在一起。

## 四、呼喊

呼喊的动作方法是：

呼气时腹部肌肉急剧收缩，由胸口发出洪亮、尖利的呼喊，以产生巨大的力量。

## 第四节 阻挡

阻挡可以达到多种目的，如进攻、控制对方、使对方失去平衡、抑制或瓦解对方进攻等，包括基本阻挡技术和其他阻挡技术。

### 一、基本阻挡技术

基本阻挡技术包括上格挡、由外向里中部格挡、由里向外中部格挡和下格挡等。

#### （一）上格挡

上格挡的动作方法（见图9-4-1）是：

（1）拳心朝上，经腹部迅速将格挡臂举到头部上方，肘关节与耳同高，前臂在头顶的前上方，与头有一拳的距离；

（2）在格挡的一刹那，迅速有力地向外、向上扭转腕部，使前臂与地面呈45°角；

（3）格挡结束后，另一只手臂经体前伸出，两肘接触并护住心窝，然后迅速收至髋部。

图 9-4-1

## (二)由外向里中部格挡

由外向里中部格挡的动作方法(见图 9-4-2)是：

(1)首先，一只手臂伸出护住身前，另一只手臂的掌心向外，肘关节向后；

(2)其次，用力转动腕部，同时使肘关节由外面呈弧形移至体前，且拳略低于眼，同时格挡臂的肘关节降至胸部，另一只手收回到体侧。

图 9-4-2

## (三)由里向外中部格挡

由里向外中部格挡的动作方法(见图9-4-3)是:

(1)格挡臂的拳心向下,置于体前髋关节处,另一只手臂屈肘,肘关节置于体前,并护住心窝;

(2)格挡臂的拳上移到与肩同高时,要迅速有力地旋转腕部(不要使肘关节上抬),肘关节呈90°夹角,并与身体有一拳的距离,而另一只手臂用力移至体侧。

图9-4-3

## (四)下格挡

下格挡的动作方法(见图9-4-4)是:

(1)格挡臂的拳心向内,置于身体另一侧的肩与脸颊处,另一只手臂的拳心朝侧下方,置于心窝处,起到保护作用;

(2)在格挡的一刹那,格挡臂的手腕要快速有力地向内旋转,经体前向前斜下方扫去,拳高于腿约10厘米,同时迅速将另一只

手臂的拳移至体侧，拳心朝上。

图 9-4-4

## 二、其他阻挡技术

其他阻挡技术包括剑形臂与刀形手格挡、支撑格挡、X形格挡和双手格挡等。

### (一)剑形臂与刀形手格挡

剑形臂与刀形手格挡的动作方法(见图 9-4-5)是：

(1)从刀形手的击打姿势开始，格挡臂持掌于身体另一侧的耳边，掌心朝内，通过腕部的旋转使格挡臂经外侧向体前进行格挡（掌的位置略比耳低）；

(2)格挡臂的肘关节要弯曲，腕关节要伸直。

图 9-4-5

## (二)支撑格挡

支撑格挡的动作方法(见图 9-4-6)是:

格挡时将非格挡臂掌贴附在格挡臂的前臂上,在接触到攻击部位的刹那,非格挡臂起到助力支撑作用。

图 9-4-6

## (三) X 形格挡

X 形格挡的动作方法(见图 9-4-7)是:

用两臂交叉挡住对方的攻击,这不仅可用于高、低和两侧的位置,还能演变出很多其他格挡动作。

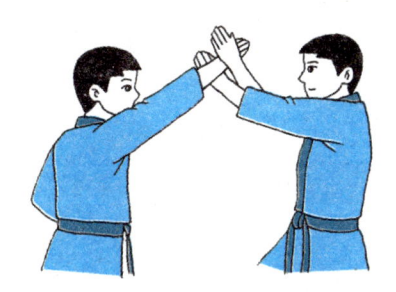

图 9-4-7

## (四) 双手格挡

双手格挡的动作方法(见图 9-4-8)是:

双手持拳向外格挡,就像刀形手格挡一样,还可以用下格挡与由外向里格挡相结合。

图 9-4-8

## 第五节 扑倒与滚翻

扑倒与滚翻经常在比赛中使用,初学者应多加练习,熟练地掌握该项技术。

### 一、扑倒

扑倒包括前扑、后跌和侧扑等。

#### (一)前扑

前扑的动作方法是:
(1)注意抬头,使头与两臂呈三角形,这样在触地时手掌正好

在头前；

(2)在身体触地之前,手掌和前臂先依次触地,使冲力沿着手和臂分散并减弱；

(3)触地时脚趾尽量支撑起来,以减缓身体下落触地的冲力。

## (二)后跌

后跌的动作方法是：

(1)两臂外展,与身体呈30°～45°夹角；

(2)在身体快要触地之前,用两掌和前臂依次触地,以减缓冲力；

(3)下巴尽量贴近胸口,脚尖抬到与髋同高,以避免后脑先触地。

## (三)侧扑

侧扑的动作方法是：

(1)使跌倒同侧的臂与身体呈30°～45°夹角；

(2)在身体快要触地之前,另一侧的臂开始移动,两手掌和前臂依次着地,以减缓冲力；

(3)下巴尽量贴近胸口处,并且伸开两腿,抬至与髋同高。

## 二、滚翻

滚翻包括前滚翻和后滚翻等。

## (一)前滚翻

前滚翻的动作方法(见图 9-5-1)是：

(1)做前滚翻时，一脚伸出，两腿自然分开，两臂展开呈圆弧，掌心向内；

(2)俯身，把同手侧放到与前脚相适应的地方；

(3)颈弯曲，头缩于两臂形成的圆弧中间；

(4)然后按照两臂形成的圆弧进行滚翻，从前肩到背再到另一侧的臀部；

(5)每一部位触地都要缓冲，滚完一圈后可以站起或按这个动作过程再继续滚动。

图 9-5-1

## (二)后滚翻

后滚翻的动作方法(见图9-5-2)是：

(1)从两腿自然分开半蹲的姿势开始，身体后倒，双脚随之上抬，臀部掀起；

(2)滚翻时注意缩头，脚尽量去接近任意一侧的肩部，直到脚着地，完成滚翻动作。

图9-5-2

## 第六节 冲与击

冲与击是空手道技术中常用的手部攻击方法，其中冲以直线进攻为主，击则以鞭打或曲线进攻为主。

## 一、冲

冲包括基本手形和基本动作等。

### (一)基本手形

基本手形包括正手拳和枪形手等。

1. 正手拳

正手拳的动作方法(见图9-6-1)是:

(1)握拳时,首先使小指、无名指和中指攥紧,其次以同样的方式把食指卷紧,最后将拇指紧扣在食指和中指的第二指节上;

(2)冲拳时,食指和中指关节的骨头是用以击打目标的主要部位,注意腕要伸直,触击目标后不要将腕上扬或下屈,否则会使腕部受伤。

2. 枪形手

枪形手的动作方法(见图9-6-2)是:

(1)手指伸直并拢,相互夹紧,拇指弯曲,紧扣于食指一侧;

(2)进攻时,一般用食指和中指攻击对方身体较软且肌肉较少的部位,注意手腕要伸直。

图 9-6-1

图 9-6-2

## (二)基本动作

冲的基本动作方法(见图 9-6-3)是：

(1)身体侧对前方，进攻臂持拳置于腰侧，肘关节后引，另一臂置于身体侧前方，呈防守姿势或格挡姿势；

(2)冲时，两臂同时沿着体侧运动，一臂冲出，一臂收回；

(3)当进攻臂冲出、肘关节超过体侧时，腕部要像拧螺丝钉一

样迅速内旋,拳心朝下触击对方。

图 9-6-3

## 二、击

击包括刀形手击、拳背击和锤形击等。

### (一)刀形手击

刀形手击的动作方法(见图 9-6-4)是:

(1)进攻臂持刀形手(与掌相似),置于身体另一侧的肩膀和脸颊旁,掌心朝内,然后向外侧和略下方挥动,同时内旋转腕,使掌的刃端(小指一侧)用力击向目标;

(2)做刀形手时,要求四指伸直,相互夹紧,拇指弯曲下扣,并与掌靠紧,指关节向掌心一侧弯曲。

进攻臂掌心朝内的刀形手击 　　　进攻臂掌心朝外的刀形手击

图 9-6-4

## (二)拳背击

拳背击的动作方法(见图 9-6-5)是：

(1)拳心朝下，置于身体另一侧的胸前，依次由肩、上臂、前臂进行发力，使拳走一个弧线鞭打路线击中目标，并以拳背面的指关节为触击部位；

(2)在触击之前要迅速转腕，击打完之后立即把拳收回原处。

图 9-6-5

## (三)锤形击

锤形击的动作方法(见图 9-6-6)是:

与拳背击的动作方法相似,只是用以触击的部位由拳背面的指关节改为拳轮。

图 9-6-6

## 第七节 踢与撞击

在空手道比赛中,踢和撞击非常重要。踢是用脚来完成,而撞击则是用肘和膝来完成。

### 一、踢

踢包括弹踢、刺踢、环形踢、侧踢、后踢、月牙踢(里合腿)与反月牙踢(外摆腿)、跳踢和双踢等。

## (一)弹踢

弹踢主要用来近距离攻击,动作方法(见图 9-7-1)是:

(1)以前步(弓步)准备,先提膝至合适位置,再迅速弹踢目标,然后收回,同时利用臀部肌肉的爆发力加大踢打的力度;

(2)踢的时候要注意勾脚,这样可以增加脚的稳固性,避免脚趾受伤,并能够准确地用前脚掌击打对方。

图 9-7-1

## (二)刺踢

刺踢的威力较强、击打范围大,动作方法(见图 9-7-2)是:

(1)以后步(虚步)准备,先锁定脚踝,膝部略屈下降,然后尽量将髋部和支撑腿向前送,以保持刺踢沿直线进攻;

(2)注意利用臀部带动腿,勾脚,用脚跟击打对方,踢完之后迅速回收至初始位置。

图 9-7-2

## （三）环形踢

环形踢的动作方法（见图 9-7-3）是：

（1）以后步（侧身半马步）准备，后腿屈膝抬起蓄劲，同时支撑脚朝前；

（2）然后以支撑腿为轴转动，尽量使之朝向后方，肩、臀、膝关节呈一直线，保持身体平衡；

（3）进攻腿击打对方时，要使脚、臀、膝关节和击打目标在同一个平面上，迅速击打目标，然后收回，要注意弹腿和转动同时进行。

图 9-7-3

## (四)侧踢

侧踢的动作方法(见图 9-7-4)是：

(1)以后步(侧身半马步)准备，进攻腿蓄劲，髋关节、脚跟和击打目标呈一直线，膝关节置于心窝前；

(2)支撑脚朝前，然后以支撑腿为轴，向后方转动；

(3)随着支撑脚的转动，进攻腿快速有力地踢向目标，然后迅速收脚，使身体直立；

(4)侧踢时，注意略向下转动髋部，使髋部随腿自然地左右摆动，把摆动的冲力传递给脚，增加侧踢腿的力量，在触击目标的一刹那要伸直支撑腿。

图 9-7-4

## (五)后踢

后踢的动作方法(见图 9-7-5)是：
(1)以后步(侧身半马步)准备，以前腿为支撑腿向后转动；
(2)转至进攻目标的相反方向时后踢，然后迅速收回至蓄劲时

的姿势；

（3）向后转体时，身体转动的顺序依次是头部、肩关节、髋部，这样就能控制转动的幅度；

（4）转动时还应该做到进攻脚蓄劲，勾脚尖、勾脚踝、屈膝，脚跟尽量贴近大腿，并利用后转的冲力，以脚跟刺踢出去。

图 9-7-5

## （六）月牙踢（里合腿）与反月牙踢（外摆腿）

1. 月牙踢（里合腿）

月牙踢（里合腿）的动作方法（见图 9-7-6）是：

（1）不需要蓄劲，而是直接从地面起腿攻击，进攻腿由外向上划弧，然后向内、向下击打；

（2）击打时，瞄准对方的中轴线，进攻脚要内扣，勾踝、勾脚尖，用前脚掌触击，然后迅速收回至初始姿势。

2. 反月牙踢（外摆腿）

反月牙踢（外摆腿）的动作方法（见图 9-7-7）是：

进攻路线与月牙踢正好相反，即进攻腿由内向上划弧，然后向外、向下击打。

图 9-7-6

图 9-7-7

## (七)跳踢

跳踢的动作方法(见图 9-7-8)是：

(1)在空中要使臀部转到合适的位置,然后踢出,起跳后可进行环形踢、侧踢或后踢；

(2)一般来说有两种形式的跳踢,一种是前腿起跳、后腿攻击,另一种是后腿起跳、前腿攻击。

图 9-7-8

## (八)双踢

双踢的动作方法(见图 9-7-9)是:

第一踢是佯攻,吸引对方的注意力;第二踢是利用第一踢创造的机会,快速地踢向目标。

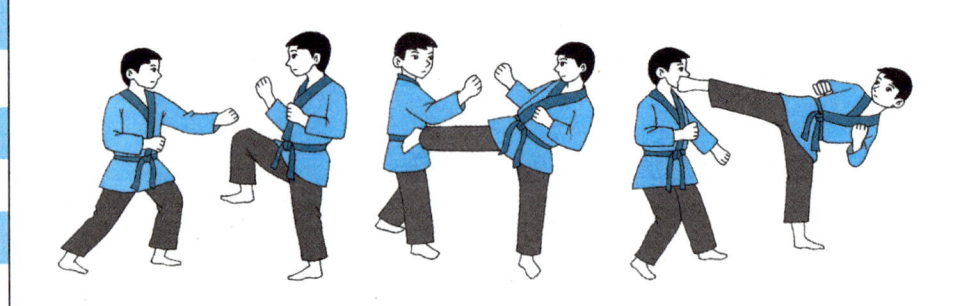

图 9-7-9

## 二、撞击

撞击是用膝部和肘部来进攻的技术，常在近距离时最为有效，简单易学，包括肘击和膝击等。

### （一）肘击

肘击的动作方法（见图 9-7-10）是：

（1）转髋，将整个身体置于击打目标的后方，同时手臂快速旋转，将力量快速传递给肘关节，击打目标；

（2）注意握拳或用刀形掌，以便增加前臂力量。

图 9-7-10

## (二)膝击

膝击的动作方法(见图 9-7-11)是:
(1)提膝时,腿要蓄劲,以准备强有力的进攻;
(2)支撑腿略屈,用髋部力量带动膝关节击打目标。

图 9-7-11

# 第十章 空手道基础战术

空手道的战术体现了攻与守的博弈过程，对打双方一旦识破对方的攻击意图，就会立即改变防守姿势，可以说，防守是攻击的产物，而攻击也是防守的产物。空手道的基础战术包括战略制定和战术能力培养与应用等。

## 第一节 战略制定

战略是在对打过程中对战术使用的整体考虑，战略制定包括实战防守姿势、主动权取得、身体与意识行为和区域选择等。

### 一、实战防守姿势

实战防守姿势包括实战步形选择和凝视等。

#### (一)实战步形选择

实战步形选择和个人特点与空手道风格有很大关系，如猫步适合于柔韧性较好的人，后步则适合于较强壮的人。实战中，步形的选择要注意三个问题：第一，能够保护自己；第二，能够展现自信，并使自己处于有利位置；第三，对对方的进攻能作出快速反应。

实战步形要求髋部侧对前方，并保持其灵活性；身体重心落在两脚的前脚掌上，以便提高起动速度和应变能力；两膝保持弯曲，两腿之间的距离比前步略短；屈前臂护住上体前侧，拳直向对方的眼部；屈后臂护住心窝，并使肘和拳直向对方的身体；头要直立（见图10-1-1）。实战步形如果训练得当、技术正确，便既可用于进攻，又可用于防守，使对方很难识破你的动机。

图 10-1-1

## (二)凝视

凝视在实战中的作用举足轻重,它是获得信息的重要来源。应聚精会神地注视对方,仔细观察对方身体各部位的动静,不被对方的动作迷惑,这样才能正确判断对方的意图。如果只注视对方某一方面或是某一细节,就会失去对整体情况的把握,也就无从获得全面的信息。

## 二、主动权取得

一名优秀的空手道运动员应该能够抓住最佳时机取得进攻主动权,还要了解对方容易暴露弱点的三种情况。

(1)当对方正在考虑进攻的时候发起攻击是空手道训练者的终极目标,如果具备了这种能力,在实战中就可以随心所欲地击打对方的任何部位;

（2）当对方决定进攻时，其意识主要是将进攻的信息传递给肢体，因此也就忽视了防守，此时可以抓住进攻主动权；

（3）当对方开始进攻时，在其开始进攻的一刹那，以最快的速度去攻击对方，这时的攻击既需要很大的勇气，又需要高超的技术动作。

## 三、身体与意识行为

当对方在身体与意识上犯错误时，如暴露出防守动作的弱点、节奏没有把握好等，可以及时抓住机会进攻。运用连贯的技术动作压制对方，使之难以招架；用格挡技术转移对方的注意力，这些都是迫使对方出现身体错误的常用手段。

意识错误包括攻击目标选择错误、被对方的佯攻所迷惑或反应过度、放松防守姿势、注意力分散、期待或等待对方动作和不能识破对方进攻意图等。可以通过以下手段迫使对方在意识上露出破绽：诱使对方选择错误的攻击方向；通过佯攻使对方的注意力分散；使对方认为你没有做好进攻准备，诱导其放松警惕；通过转移对方的注意力打乱其思维，使其考虑一些没有必要过分担心的问题等。

## 四、区域选择

实战中要有明确的区域意识。

（1）安全区域，这是一个不会马上受到攻击的区域；

（2）防守区域，这是一个必须防守或反击的区域；

（3）躲闪区域，这是一个为了避免攻击而逃离的区域；

（4）危险区域,这是一个被对方迷惑或没有准备好、仓促应战而进入的区域(见图10-1-2)。

图 10-1-2

移动时必须时刻注意哪些是防守区域,哪些是躲闪区域,哪些是危险区域。作为防守者,要选择适当的位置,如安全区域或防守区域,抓住机会反击,并取得主动权。作为进攻者,要使防守者始终处于劣势,要不停地进攻,迫使对方待在危险区域,并要切断其进入躲闪或防守区域的路线,这样就能使防守者的技术动作变形或失效(见图10-1-3)。

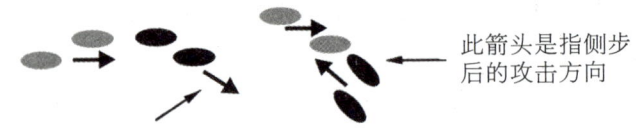

此箭头是指侧步后的攻击方向

向箭头指示方向侧步可躲避进攻腿，并为反击创造有利条件

**对手用正踢进攻**

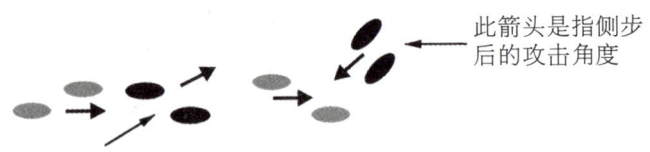

此箭头是指侧步后的攻击角度

向箭头指示方向侧步可躲避进攻腿，并使对手的中位防守显露出破绽

**对手用正踢进攻**

这是躲闪角度，朝这个方向退步，同时格挡、反击，以获得有利姿势

障碍物或场地边线

**对手用正踢进攻**

图 10-1-3

## 第二节 战术能力培养与应用

训练中注意对战术能力的培养非常重要，根据对方的实力，采

取有效的对策,是取得胜利的关键。

## 一、战术能力培养

在提高战术水平的过程中,通常需要四个步骤,即固定实战练习、准一本实战练习、半辅助实战练习和实战练习。

### (一)固定实战练习

固定实战练习是一种在实战前就将进攻部位、进攻目标、阻挡和反击预先安排好的一种练习形式。这种固定实战练习的目的是使练习者更加熟练地掌握所学的空手道技术,如步形、距离、进攻目标和进攻与防守动作等,达到有效运用的程度。

### (二)准一本实战练习

一旦掌握了固定实战练习,下一步就需要进行准一本实战练习。它要求进攻者提前设置好攻击的部位和攻击目标,而防守者不用提前设置,可以自由防守,还可以反击。这种方法可以使练习者对所运用的战术有深入的体会,并能运用自如,同时也有机会针对某一进攻选择更适合自己的技术。

### (三)半辅助实战练习

通过以上两种练习具备一定的实战能力后,就可进入半辅助

实战练习阶段。它允许进攻者和防守者随意使用提前设置好的各种技术,如进攻部位、进攻目标、反击和阻挡等,但不规定进攻时间。这种练习形式能使练习者提高判断距离、取得主动权、移动与闪躲、使对方失去平衡和实战时抓住最佳时机的能力,同时还可以深入了解更加细致的战术,以及培养在不同情况下如何有效地选择战术来对付不同对手的能力。

## (四)实战练习

实战练习中,允许双方穿戴护具,并按照世界空手道联合会的竞赛规则,合理地运用各种进攻或防守技术进行练习。

## 二、战术应用

实战中,常用的战术包括使对方失去平衡、佯攻、压制对方和击打—移动—击打等。

## (一)使对方失去平衡(见图10-2-1)

如果能使对方的身体重心脱离其步形的中心,他就会失去平衡,失去技术动作的有效性,有3种方法可以达到这一目的。

(1)扫腿——扫对方的一条或两条支撑腿,最佳方式是沿着脚跟到脚尖的方向扫;

(2)摔——迫使对方向身体一侧倾斜,使之失去平衡并摔倒;

(3)扔——抓住对方用作攻击的部位,然后用腰的力量带动身

体,并依次旋转上身和下身,使对方沿着你的髋部、腿或其他部位倒下。

一般情况下,对方处在一种不稳定的状态时,才能更有效地使用扫腿和摔、扔技术动作。为了达到这一目的,可以在使用扫腿和摔、扔技术之前,先向对方步形、防守等技术方面的弱点进攻。

图 10-2-1

## (二)佯攻(假装进攻)(见图 10-2-2)

佯攻是分散对方注意力,进而使其露出破绽而处于劣势的战术。例如,当佯攻头部时,对方会举手护头,往往会忽略对中部的防守。佯攻的重要原则是,必须让对方相信进攻是真的。有时佯攻也可以是一个很小的动作,如点头、目视下方、转髋、改变步形或以错误的姿势诱使对方上当等。如果这些细小的动作使用得当,对方就会判断错误、露出破绽。

图 10-2-2

## (三)压制对方

通过压制对方,可以知道对方擅长什么战术、缺乏什么战术。首先摆好一个中立姿势,即双方都没有进入对方的攻击范围;其次开始试探性地进攻,不断进入对方的防守区域,这时对方就会开始防守或进攻。通过这个方法,可以观察到对方对动作的反应,进而估计出对方的实战风格、常用战术、力量和弱点等。

## (四)击打—移动—击打(见图 10-2-3)

实战中如果让对方忙于应付、思维混乱,使其防守姿势显露出破绽,就有机会对其防守较弱的部位实施重击。例如,首先击打对方的侧部,对方的防守臂就会从身体的中部移开,暴露出心窝,其次依次击打对方身体的中部和左部,使对方的注意力也移到被击打的那个方向,最后的重击部位应该是对方身体的右部。

KONGSHOUDAO JICHU ZHANSHU　空手道基础战术

图 10−2−3

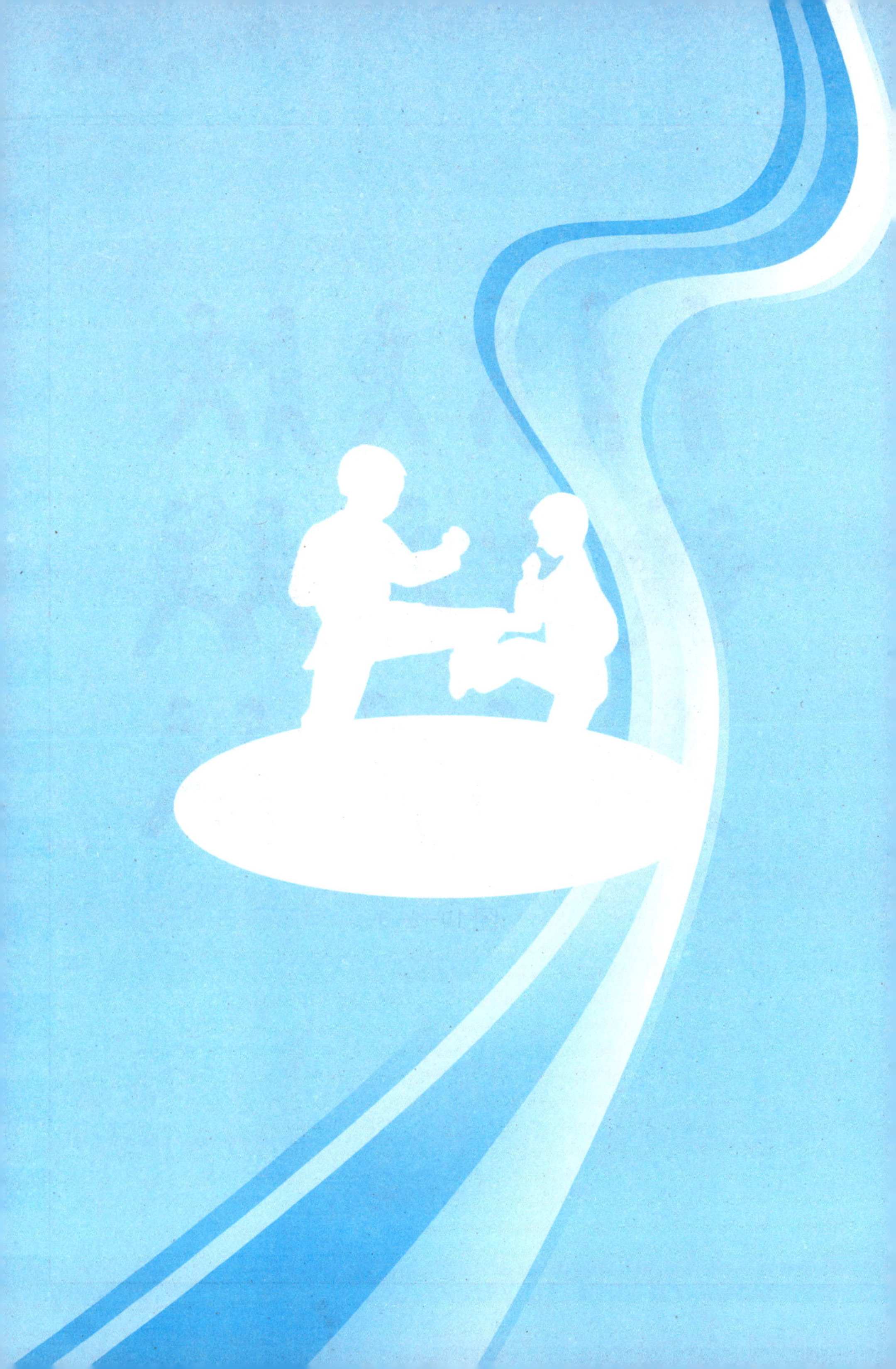

# 第十一章 空手道比赛规则

裁判是空手道比赛的关键性工作，裁判组织是否健全、裁判人员的素质高低都直接影响着空手道比赛的顺利进行。裁判人员的分工必须明确，必须熟悉空手道技术和业务，真正掌握和领会竞赛规则和精神，而且要在执法时坚决做到严肃、认真、公正和准确，通过自己的努力使运动员在比赛中充分发挥空手道技术和战术，保证比赛顺利进行。

## 第一节 程序

空手道比赛由2位选手在方形场地上进行。比赛的目的是通过击打对方获得点数或造成对方无法继续比赛。本节主要介绍比赛的程序。

### 一、参赛办法

（1）比赛可分为团体赛和个人赛，个人赛依体重分为量级和无限量级；

（2）团体赛中，各队参赛者的数目必须为单数——男子队由7名队员组成，其中包括5位出场选手，而女子队则由4名队员组成，其中包括3位出场选手；

（3）比赛前，各队代表应从全队男性7名或女性4名的名单中选出参赛者，而且将参赛者攻击顺序填写在大会规定的表格内，任何队员或教练未提出书面报告而擅自更改出场选手或出场顺序，该队将被判失格。

### 二、比赛方法

领先8分的一方，或在规定时间内得分较高者为胜。也可因"判定"而获胜，或因犯规、失格、弃权而决定输赢。

（1）比赛结束，2位选手同分或都没得分，由裁判小组以投票方式来判定输赢，判定胜负的标准为选手在态度、斗志和力量上的表

现,战术和技巧的娴熟程度,以及主动攻击的次数;

(2)在个人赛中,如果双方平手,可加上1分钟的"延长赛",先得分者为胜,如果双方仍未得分,则以判定决定胜负;

(3)在团体赛中,以获胜人数最多的一队为胜方,如果双方获胜人数相同,则两队将所有选手的分数列入计算,总分多的队为胜方;

(4)在团体赛中,如果双方获胜人数及总得分点数皆相同,两队应派代表加赛,以决胜负,若加赛仍然平手时,则须进行1分钟的延长赛,先得分者为胜,如果双方都没得分,则以判定决定胜负;

(5)在男子团体赛中,先赢三场者,即可宣布为胜方,在女子团体赛中,先赢两场者即可宣布为胜方。

## 三、受伤和意外事故的处理

(1)选手跌倒、被摔倒或被击倒,在10秒内无法站立起来,则不适合继续比赛,自动丧失该次大会自由对打比赛的权利;

(2)选手跌倒、被摔倒或被击倒而不能立刻站起来,主审必须吹哨子给计时员,开始10秒的倒数计时,同时呼叫医师前来,当主审举起手臂时,计时员应立刻停止计秒;

(3)经由大会医师宣布不能出赛的受伤选手,不得再次参加所有的对打比赛;

(4)受伤选手获胜,如无大会医师的许可,不得再赛,若该受伤选手在第二场同样又因对方失格而再度获胜时,此选手就不得再参加此进行中的赛程;

(5)选手受伤时,主审应立即叫停并请医师诊查,医师仅做诊断和治疗；

（6）受伤的选手只有 3 分钟的时间接受治疗，如果治疗无法在 3 分钟内完成，则主审应决定是否判此选手不适合继续比赛，或者决定要再延长一点儿治疗的时间。

## 第二节 裁判

裁判员是每场比赛的组织者，控制着比赛的进行。裁判员水平的高低，直接关系到运动员的技术、战术的发挥，影响着运动员的胜负。

### 一、裁判员

每场比赛的裁判小组包括 1 名主审、3 名副审和 1 名监察，另设有计时员、报分员、记录员和记录监察员若干名。

### 二、评分

#### （一）评分标准

评分标准包括良好的姿势、运动精神、技术运用、良好的时机和正确的距离。

## (二)有效攻击部位

有效攻击部位包括头部、脸部、颈部、腹部、胸部和背部,不含两肩和胸侧面。

## (三)分值判定

1. 3 分的判定标准
(1)上段踢技;
(2)将对方已摔倒或扫倒,紧跟着一个有效的技术攻击。
2. 2 分的判定标准
(1)中段踢技;
(2)击中对方的背部;
(3)混合性的技术攻击。
3. 1 分的判定标准
(1)中段或上段直击;
(2)背拳等击打。

## 三、禁止行为

## (一)第一类犯规

(1)攻击时过分触及得分部位或触及喉部;
(2)攻击手臂、脚、关节或脚背部位;
(3)以开掌技术攻击面部;

(4)可以造成对方受伤的危险摔技或被禁止的摔技。

## (二)第二类犯规

(1)假装受伤或夸大伤情;
(2)屡次跑出比赛场地;
(3)没有防卫自己的意图;
(4)逃避战斗,以闪避的方式让对方没有得分的机会;
(5)抓住对方或试图摔倒对方,但其本意并非真正要使用空手道技术攻击,即企图抓住对方或靠近对方,让对方攻击时因距离太近而无法得分;
(6)无谓的抱、扭、摔、推,看不出有真正技术攻击的意图;
(7)无节制的攻击,不顾及对方安全;
(8)以头部、关节或手肘攻击对方;
(9)以言语或其他动作刺激对方,不服从主审的命令,对裁判小组不礼貌,或其他侵犯礼仪的行为。

## 四、罚则

## (一)口头警告

初犯且犯规轻微者。

## (二)警告

对在该场比赛已被判一次口头警告者，或犯规程度还不到被判犯规注意的程度者，被处罚的选手失1分。

## (三)犯规注意

对在该场比赛已被判一次警告者，或直接对犯规严重，但还不到被判犯规程度者处以此种处罚，被处罚的选手失2分。

## (四)犯规

严重犯规或在该场比赛已被判一次犯规注意的选手将被判输掉该场比赛。

## (五)失格

对不服从主审的命令，行为恶劣，或其他违反空手道规则及大会比赛精神的选手，主审必须通知裁判委员会作出失格的判决。